有意识的社交

12种塑造有效人脉的处世技巧

〔美〕肯·塔克（Ken Tucker）◎著　张赛男◎译

Intentional
Relationships

◎◎ 中国友谊出版公司

图书在版编目（CIP）数据

有意识的社交 / (美) 肯·塔克著 ; 张赛男译.
--北京：中国友谊出版公司, 2017.2
书名原文: Intentional Relationships: How to
Work and Succeed With Others
ISBN 978-7-5057-3982-6

Ⅰ.①有… Ⅱ.①肯… ②张… Ⅲ.①人际关系－通
俗读物 Ⅳ.①C912.11-49

中国版本图书馆CIP数据核字(2017)第030148号

书名　**有意识的社交**
作者　（美）肯·塔克（Ken Tucker）　著　张赛男　译
出版　中国友谊出版公司
发行　中国友谊出版公司
经销　北京时代华语图书股份有限公司　010-83670231
印刷　三河市宏图印务有限公司
规格　690×980 毫米　32 开
　　　6.75 印张　80 千字
版次　2017 年 4 月第 1 版
印次　2017 年 4 月第 1 次印刷
书号　ISBN 978-7-5057-3982-6
定价　36.00 元
地址　北京市朝阳区西坝河南里 17-1 号楼
邮编　100028
电话　（010）64668676

社交不仅塑造出现在的你，还会塑造未来的你。

人际关系恰恰反映出你整个人的性格。

在这个瞬息万变的社会，人们渐渐遗忘了与人相处的重要性。

对我来说，与三类人的重要关系让我获益匪浅。第一是和妻子朱迪的夫妻关系；第二是与三个孩子肯德拉、克里斯汀和肯尼的父子关系以及与托尼和莉兹的翁婿、翁媳关系；第三便是与马德琳和詹姆斯·蒙哥马利的祖孙关系。

令我获益良多的还有在 TAG 咨询公司建立起的同事

关系。这些同事对我来说无异于良师，在我写这本书时，他们的声音依旧在我脑海里回荡。

之所以创作这本书，是为了让大家意识到家庭关系、朋友关系和同事关系的重要性，望大家从中收获到有用之处。

引

言

我对人际关系做了专门的研究。作为一名总裁指导，我每天的工作就是帮助这些领导者们培养和处理各种各样的人际关系，生活上的、工作上的通通包含其中。这些领导者来自各个行业，包括工业部门、政府部门、宗教团体、医疗行业、教育行业，等等。我身后还有团队，我们团队对这份工作可谓是经验丰富，改善了数以千计的人际关系，涉及领导人、管理者和公司职员，也包括夫妻关系、亲子关系、朋友关系等。

我们是专业的顾问、持证上岗的专家、身体力行的技术人员，当然，最重要的身份是学习者。每当遇到新任务、新客户时，我都要学习他们的工作、文化、顾客群、产品以及服务，然后评估他们的人际状况。我把自己学习来的关于组织团体和人际关系的内容教授给这些领导人、管理者和职工们，改善他们在家庭生活和工作单位中的社交状况。

研究了形形色色的组织单位，指导了数以百计的客户，我总结出一条关于人际关系的经验之谈，在本书中与读者分享。这条经验便是：社交是否成功取决于人的行为方式。本书基于的前提是：言行举止改变，人际关系也会改变。

阐明一下：这里的人际关系并非单指恋爱关系，而是指与周围所有人的关系：同事、上司、孩子、配偶和亲戚，等等。人际关系纷繁复杂，因此我们需要良好的行为举止来维持。

在本书中，我会举一些自己在工作中碰到的关于工作环境中交往的案例，帮助你了解如何改善人际关系。这些案例是我们平时与家人、朋友和邻居之间相处的缩影。看看这些例子，想想自己能否和案例中主人翁一样，改变自己的行事方法来提升人际关系。

因此，"怎样与人相处"就格外重要了，这也是本书向所有读者发起的问题。本书旨在帮助读者在各种人际关系中发挥最好的一面，属指导性用书，教导人们改善当前的人际关系，包括配偶关系、手足关系、上下级关系、朋友关系等，让人们有意识地去培养自己的社交圈，促进家庭关系的紧密，提高管理工作的效率，扩大同事圈，加强与上司和同事间的关系，提高团队工作效率，增加在朋友圈中的魅力。

那么，本书会如何指导你达到以上目标呢？方法只有一种，即指导你将当前的人际状况改造成心中的理想模式。社交之果需用心栽培，这需要充分运用自己的独特个性、日常谈话、视野见识、观念见地以及影响力，去打造并享受一张相互联通、相互扶持的人际网。

在上本书《用心改造谈话方式：如何对日常对话重新

思考、扭转事业生涯?》中,读者们已经了解到如何重塑日常谈话,以改善生活。通过本书,你将学到如何为人行事才能给每一段人际关系增添一抹独特重彩。我认为,社交圈是人为打造出来的,而不是自然天生的。

如何在社交圈中为人处世?

对于不同的人际关系,你是否会挑三拣四——就像谷歌招聘员工时那样挑剔?拉兹洛·博克在《工作规则!以谷歌的眼光改变你的生活》一书中提到,在人才录取方面,谷歌的门槛可要比哈佛大学、耶鲁大学和普林斯顿大学要高 25 倍!每年谷歌会面临两百多万名求职者,结果仅有 15000 名得到聘用,录取率为 1 / 130。[1]

你是否会自觉培养社交圈——就像 Zappos 的网店卖家那样主动出击? Zappos 会对员工进行培训,要求他们对顾客热情主动。关于 Zappos 有件趣闻:有位顾客打电话到 Zappos 的呼叫中心,要求 Zappos 帮其订比萨外卖,结果员工连同老板居然真的照做了!

在与人相处时，你会为他人奉献吗——就像高档服装店诺德斯特龙那样？诺德斯特龙的企业宗旨是"服务、友善"，所有员工身体力行，无论是对衣食无忧的富人，还是对无家可归的穷人，他们都一视同仁。

在终止一段关系时，你是否过于决绝——就像通用电气公司那样？杰克·韦尔奇是通用电气的前任 CEO，因在员工任期内强硬裁员而声名狼藉，其工作评价位于通用电气的后 10%。

通过本书，我会让读者针对社交言行进行自我评价，并告诉读者如何改善社交言行、如何利用社交圈，帮助读者打造理想交际网，让社交之树枝繁叶茂。

谢丽尔与我相处甚佳。工作上，她是我的挚友。我相信在我出任 CEO 后，她会全力支持我的工作。当然，这也意味着她得承担更多的责任，COO 的活儿她也得干。她会是第一个支持我的人，需要掌管比过去更繁多的事务。

——马克

说实话，我对马克掌舵公司信心不足。这件事真是难以启齿，但我没法像对前任 CEO 那样去相信马克。尽管马克和我是好朋友，但他对公司状况一知半解，难以让公司走向辉煌。现在他接任了 CEO 的位置，我也不想再在公司待下去了。

——谢丽尔

人一天 24 个小时都在与自我相伴，我们有一生的时间去表现自我。对于自己的行为，我们显得太过稚嫩、冒失、鲁莽，也不太留心。

1

先学会做自己，再谈社交

◄ 惯性行为决定人际关系

"一位社交助理对你来说有何帮助？"我向坐在我身前的区域销售经理问道，他任职于美国丰田汽车公司。面对我的提问，他犹豫了一下，显然是被这个问题难住了。

"怎么问起这个？"他反问。

"那你觉得，"我换了一种问法，"行政助理对你来说有用吗？"

听到我这么提问，他的脸色缓和了一些，开口便是对助理的连连称赞：将工作日程整理得井然有序、提醒他准时参加会议、及时反映客户要求、在汇报中规划时间等，助理是他方方面面的助手。"总之，"他现在总算是投入到这个话题中去了，"她是我的好搭档，她的工作技能和知识储备也成就了我。"

"也就是说，"我轻轻插了一句，"她辅佐你的工作，让你的工作更出色，对吧？"

"当然。"他点头肯定道，"她可比我更擅长对付那些固执难缠的家伙，我不像她那么会处理人际问题。"

"那么，她就是我刚才向你提到的'社交助理'。她对处理人际关系颇为精通，让你的领导工作更加出彩。"我说道。

他没有回应我的话，而是站了起来，和我握了握手，示意谈话已经结束。我觉得这是他对话题感到索然无味的表现。

就这样，我们结束了这次会面。令我开心的是，一年后，他又出现在我面前，和我分享了关于那位助理的一件趣事：

"大家都叫你'蟋蟀'，"助理对我说道，"是的，蟋蟀，就是那种静下来时才能听到它们鸣叫声的昆虫。因为你都不和大家说话。"她语调轻了起来，"和大家多交流交流吧。"

我十分震惊，甚至有些恼怒："是这样吗？和大家交流？"

"是的，"她回答道，"每天早上，大家坐在办公桌前，你就这么径直走过去，从来不和大家说一个字。午餐时间，你同样如此。除了提要求和讨论工作，你都是保持沉默。"

这场谈话改变了我的职业生涯，很大程度上也改变了我的生活。在听到这番逆耳忠言后，我决定改变自己，我可不想当个"蟋蟀"。

凡事我都喜欢列清单，我会把今天该做的事一条一条写下来。所以现在我每天的日程单上，"接水"都会出现两次，一次在上午，一次在下午。每次我离开自己的办公室去接水时，我都会停下脚步和员工聊天；接完水回来时也是如此。一年后，成效斐然。在对团队运作和工作状况进行决策时，我的消息要比过去灵通许多。现在，一旦员工对工作中出现的问题有新对策时，我就能立刻知晓。而在过去，这种自发性的工作讨论，我是不可能参与其中的。

过去，这位经理从未意识到不善交谈是个问题，直到他的助理建议他多与人交流，他才有所察觉。生活在这个世界上，周围有家人、朋友、同事和上司，"如何处理人际关系"就成了我们不得不面对的问题。在社交中，一举一动都有着极其深刻的影响，这事关婚姻幸福、育儿成果、工作表现以及友情的长久。

如果对自己的行为稍加关注，你就能发现原来行为可以反映人真实的性格——换句话说，就是行为方式会显露出人的性格。这种表现方式会反映在求婚原因、勇气和求婚时的年龄上，会表现在实现自我、培养孩子的过程中，会显露在对待下属的态度中。它会决定你与同事的合作，决定你为朋友庆功的方式。如何做自己、做怎样的自己，这对于社交来说至关重要。所有社会关系，无论是上下级关系、母子关系还是伴侣关系，都与你的行为方式息息相关。

对于每个人来说，言行举止都会影响到人际网络的特性。你之于我，我之于你，人人相连，就构成了整张人际网络。可悲的是，我们总是无心利用自身特性去发展人际网络。

因此，我们就面临着一个难题：如何有意识地改善自己的人际状况。要解决这个难题，就得增强自我意识，就像西朔·查理斯·N，玛丽·纳什·萧弗，格雷格·汤普森，马蒂·马泰尔在其合著《认识你自己，改变你生活：学会改变，做好自己》中提到的那样：

自我意识是一个人对于自身的基础性认知。如同工匠通晓手中的工具，音乐家精通乐器那样，要想改变自己，首先就要将自身视作变化的载体……要善于发挥自身的特点，"首先要认识自己，要对自身有个整体观点"。[2]

我们要注意自己的行为是否妥当，思考怎样对自己的行为进行调整，这需要在日常生活中用心发现和总结，既利人，又益己。就像那位丰田公司的经理，也许仅仅是目空一切地穿堂而过就会伤害到人际关系。然而，一旦开始留心生活上、工作上的人际关系，社交状况就会飞速改善。我们在走向别人时，不注意自己的言行，而且屡犯不改——这种粗心大意的行为对于日常交往来说，像是无声而又致命的病毒。无论我们是否意识到言行举止对社交的重大影响，行为方式都会决定人际关系的"生死"。

要想改善当前的婚姻状况，或是其他任何一段社会关系，可以去特里普·保罗的书《你曾有何期望？重新看待婚姻》中寻找答案："建立起社交圈，着手处理圈中每一段人际关系。"[3]

开始应对人际关系时，首先要确定自己在哪些方面进行完善。助理意识到老板对员工过于古板严肃，及时向老板做出提醒；可即便是有助理的提醒，如果这位经理置若罔闻、我行我素，那事情还是不会发生改变。只有自己才能拯救自己的社交状况，任何人都无法替代完成。与上下级、同事、配偶、孩子和朋友的交往方式会影响交往状况，这一点需自己体会。为人行事的方式属于个人选择范畴，既然选择了这种行为方式，就要承担相应的后果。

关于人际关系的方方面面，有一点值得强调：言行举止事关人际关系的"生死"。在我们的一言一行中，人际关系或初具雏形，或尘埃落定，抑或走向终结。人一天24个小时都在与自我相伴，我们有一生的时间去表现自我。然而，对于自己的行为，我们显得太过稚嫩、冒失、鲁莽，也不太留心，这种错误的自我表现方式会伤害到自己和他人。

如果下决心改变这一切，我们就要改变自己在社交生活中的为人之道，这也是本书所要传达的主题：如何有意识地去改善人际状况。

你有没有想过去改善一段人际关系呢？也许是夫妻关系？亲子关系？或是手足关系？又或是工作上的上下级关系？同事关系？客户关系？无论是哪一种关系，想要改善，就得主动出击，就像那位经理一样，先寻觅一位"社交助理"，也许会大有裨益。

"社交助理"深受信任，接受别人的允许或委托以注意其交际行为。举个例子吧：

我和妻子朱迪晚间出门散步，这是我们的日常活动，但今天有些不同：我们俩先跑了一小段。在慢跑时，我们遇到了两位散步的老太太（尽管我们俩也不年轻了）。从她们身边跑过时，她们热心地跟我们打招呼，我们回敬后继续前行。一个小时后，我们又碰见了她们，但此时，我和妻子已经开始散步了。再次相遇后，我们聊了起来。

老太太们：又见面了。

我和朱迪：是啊，又见面了。

老太太们：刚才看见你们还在跑步，怎么现在改走路了？

我和朱迪：刚才跑步只是展示一番，跑出你们视线后，我们就停下了。

老太太们和朱迪：（笑）

那天夜里，在准备熄灯休息时，我问朱迪："还记得你最近一次彰显个性的时刻吗？"

她想了一会儿，却是无果，又接着说："不过我知道你是什么时候。"

我笑了："真的吗？"

"今天在散步的时候，"她说道，"你就表现出了属于自己的特色。你很快就和邻居打成一片，这是你的个性使然，真是有趣。你很会'撩妹'，谈话很愉快。"她作了总结。

像这种时刻——带有浓重个性色彩、让人一看就知道是你，这些时刻对我们来说极富指导意义，而社交助理（本例中我的妻子便是）就能发现这些时刻并传达给你。

在当前的社交圈中，你表现得如何？家庭生活中，你做得怎么样？工作上的你是否为交际而欢喜忧愁呢？对于这些问题，你了解吗？你必须了解。既然与人一起工作、一起迈向成功，你就必须明白自己的言行举止会影响到人际关系，因此，就要学会善用自己的个性标签。

人际关系是复杂多变的。有时，我们可以妥善处理；有时，却又不知所措。在一定程度上，人际关系的复杂性来源于其数目甚大、种类多样。对于亲情，你得和伴侣保持甜蜜、养育孩子，有时还要聆听家人的心事等；对于友情，你得为死党做个知心顾问、在周六的烧烤聚餐上为邻居烤肉、为在健身房锻炼的友人充当计时器的角色，或是在下班后和同事一起闲逛、在接水时和同事聊天等。无论对于哪一种关系，这些都是确定不移的：

· 一言一行决定人际关系的命运。

· 人际关系反映你的行为方式。

· 人际关系或好或坏，与言行举止脱不了干系。

· 由行为方式决定的人际关系，会加速或阻碍个人和团体目标的实现。

最近一次彰显自己的个人特色是什么时候呢？当时是怎么做的？言行举止怎样影响社交关系？有怎样的结果？

那么，你是怎样与人交往的？怎么做才能让人际状况更上一层楼呢？

"鳄鱼出水"——每当想到父亲，脑海中第一个浮现的就是这个游戏。这个游戏傻傻的，是在我们小的时候父亲想出的点子。玩这个游戏时，我们跳到家具上去，这样父亲扮演的"鳄鱼"就抓不到我们了。我们会在租房的地下室中玩上好几个小时。那时的父亲很幽默，即使为人父母，依然保持着童真稚气。后来随着年龄增长，父亲脾气愈发暴躁，与孩子也渐行渐远了。

——女儿

关于我的二女儿，记忆里总是忘不掉她那开朗的笑声，用"无忧无虑"和"活泼开朗"来形容她真是再适合不过了。我喜欢用"珍珍"和"朗朗"做她的爱称。奇怪的是，写下这段话时，我总是无比怀念过去那段她还是个小女孩的时光。我怀念那个时候的她，那时她总是需要我在她身边，希望我照顾她。最近，这种情绪越发强烈，因为我意识到这些年给她的爱过于吝啬，对她也过于挑剔了。

——父亲

每天都会有很多改变人际关系的潜在机会，也就是人际关系关节点，我们对这些机会的利用程度决定了关系走向。能否给予他人正能量，取决于我们自己。

2

用人格魅力铭刻属于你的社交痕迹

◀ 让别人记住你且珍惜你

在为《盖洛普》杂志写《工作激情》这篇文章时，我觉得有必要举个现实生活中的例子来说明什么是工作激情，随即就有了主意。我拿起手机，拨了西南航空公司1-800开头的号码，电话接通了。

我：你好，我叫肯·塔克，是一名商业杂志作家，最近在写一篇有关工作激情的文章。请问您见过那些对待工作热情洋溢的人吗？可以给出具体的例子吗？

职工：这……我搞不懂你的意思啊。

我：那好吧，谢谢您，很抱歉打扰了。（我挂了电话，重新拨了那个号码。这次是由一位名叫莫妮卡的女性接听的）。

我：你好，我叫肯·塔克，是一名商业杂志作家，最近在写一篇有关工作激情的文章。请问您见过那些对待工作热情洋溢的人吗？可以给出具体的例子吗？

莫妮卡：这要谈多长时间？

我（笑）：你说多久，就谈多久。

莫妮卡：我曾经搭乘过西南航空的飞机去旅游，其间有一段经历令我终生难忘，也让我做出了一个事关人生轨迹的重大决定。

根据莫妮卡讲述，当时她正准备登机，突然看到一个小女孩在大哭，一名乘务员在旁边安抚。这时莫妮卡才知道原来这个孩子是独自乘坐飞机，和妈妈的分别令她惶恐不安。他们座位中间隔着条过道，之后，莫妮卡看到小女孩又开始哇哇大哭时，乘务员做了个"奇葩之举"。

莫妮卡：很明显，那位乘务员对于哄孩子已经在脑海中拟出方案了。她拿出了自己的信用卡，教小女孩使用放在椅背上的电话，学会之后再打给女孩的奶奶。我在旁边听到他们的对话，小女孩的奶奶在电话里保证会来接机。因此，小女孩的情绪稳定了下来，接下来的旅程也不再哭闹了，十分乖巧。

我：莫妮卡，这个故事真的太好了！

莫妮卡：我还没说完呢。（语气中带有明显的调侃）

我：好吧，请继续。

莫妮卡：因为那位善良的乘务员，小女孩的人生发生了改变。我同样也是。因为那一刻的善意，我接受了西南航空公司的聘用。

我：谢谢你，莫妮卡，谢谢你跟我分享这个故事。

莫妮卡：自那以后，已经过去两年半的时间了，可那段经历却在我脑海中挥之不去。

那一天，乘务员的善意行为影响到两个人的人生，可以说，她抓住了"人际关系关节点（英文缩写为RIO）"。首先，对于孤单无助的小女孩，乘务员的善意关照提升了整体服务水平；其次，她为莫妮卡留下了充满正能量的回忆，这体现了人际关系关节点的作用之——一旦抓住了改变人际关系的关节点，就会起到激励他人的作用。每一天，我们在与人交往时，都会面临很多改变人际关系的机会，能否给予他人正能量，取决于我们自己。

人际关系状况如何、是否长久，取决于储存在当事人脑海中的回忆。有些行为尽管是无心而为，但可能会造成一段关系的中断，彼此都遗憾失望。这不是双方想要的结果，但的确在生活和工作中时有发生。我们本身并不想把与家人、朋友、上司和客户间的关系搞僵。

如何防止上述情况发生？有没有方法可以巩固彼此的关系？答案当然是肯定的！第一章已经说过了，关系状况如何取决于人的行为，你的一言一行会储存对方的记忆中，决定了你们之间的关系。每天都会有很多改变人际关系的潜在机会，也就是人际关系关节点，我们对这些机会的利用程度决定了关系走向。在这里，我想举个例子，也是我一次愉快的租车经历：

一天，我刚刚下飞机，还在杜勒斯华盛顿国际机场时，手机振动起来，拿起手机一看，原来是助理戴安给我发的语音短信，告知我中转航班被取消了。她还说，这可是个大麻烦，因为假期将至，华盛顿市的租赁汽车已经订光了。我看了一眼手表，已经是下午四点半了，不禁有些焦虑，想到会让几百人空等，我内心也像热锅上的蚂蚁一般。

我只好在旁边的等候区坐着，拿起手机搜寻机场到宾夕法尼亚州赫希的距离，意料之外的是，两地之间仅有两个半小时的车程，我一时间高兴起来，这足够我赶上讲座的时间，只要有车就行了。我决心已至，便坐上了去往汽车租赁公司的机场大巴，在大巴上，我拿出了赫兹租车会员卡，在上面找公司的联系电话，这时"会员注册时间"这行字引起了我的注意，上面显示我在赫兹租车已经有五年的时间了。我拨了号码，在一连串机器语音的提示操作后，终于联系到订车客服苏西：

工作人员：您好，这里是赫兹汽车租赁，我是苏西，很高兴为您服务。请问您是？

我：你好，我叫肯·塔克，是赫兹的会员。我的助理说现在汽车已经订完了，但我还是想打个电话问问情况，然后再决定自己要不要成为赫兹的终身忠实顾客。

苏西（笑）：好吧，请问您现在在哪儿？

我：我在杜勒斯机场大巴上，大巴会到你们公司。我现在急需一辆汽车，否则可能会与客户失约，让几百人空等。所以我说这决定了我能否成为赫兹的忠诚顾客，你们可以帮我吗？

苏西：塔克先生，信息显示华盛顿地区的车辆已经全部租出，但请你保持在线，我会为您想办法。

（八分钟后，大巴来到赫兹，电话里再次响起苏西的声音。）

苏西：塔克先生，您到公司了吗？

我：是的，我正在下车。

苏西：下车之后，请到客服办公室，那里有一辆白色路虎，是"发现"系列的，那就是您的车。车近乎全新，行程不到20公里，这个车是新进的，还没有投入使用。请问这样可以吗？

我：当然可以！太感谢你了，我会履行诺言，成为赫兹的终身忠诚客户。

我提了车，开了不到10公里，终于赶上了讲座。这件事发生在1999年7月，自此以后，每次出门我都只在赫兹租车。那天，苏西帮了我大忙，更重要的是，她的行事令我终生难忘。

以上是利用人际关系关节点改善工作关系尤其是客户关系的两个例子。那么其他人际关系呢？对于家庭关系也同样适用吗？当然，这适用于所有关系！如果在家庭生活中意识到人际关系关节点的存在并加以利用，就能加强彼此之间的关系，也会更加亲密。

　　杰克是我最亲密的朋友，交情也最长。一天，和他打电话时，我问他在忙些什么。他说正在厨房里准备晚餐，这样他妻子下班回来就能直接吃上热腾腾的饭菜了。这种回答改变了我打电话的性质和目的，将朋友之间的随口一问转变为调查和窥探。

　　接着我又问为什么要他做饭，他解释说是因为他下班比妻子早些。然后我们就结束了谈话，挂了电话。

　　让我把时间倒回去，讲讲这段谈话的背景以及和本书的关系。我和杰克是多年的好友，他有过三次失败的婚姻，但我们一直保持挚友关系。我和他一起哭过，一起祈祷过，一起欢乐过，我懂杰克，正如他懂我一样。

　　那天，我和杰克打电话，内容无非是"今天怎么样""明天有什么打算"之类的。然而，第二天早上五点，我突然想到了什么，立刻跳起来给杰克打了电话。谈话内容如下：

　　我：杰克，你太棒了！你太不可思议了！

　　（刚刚说过，杰克了解我，他已经习惯我这种说话方式了。）

杰克：所以我又怎么了？（语气还是无动于衷）

我：你变了！

杰克：啊？

我：你原来从不做饭，甚至从没想过要做饭。认识你三十年了，我知道从来都是你让老婆做饭。

杰克：过去我从不做饭。但最近我下班早，就开始做饭了，这样，疲倦的格温下班回来就不用再操心做饭的事了。

我：杰克，你好棒！你抓住了人际关系关节点！

杰克：什么？

我：人际关系关节点。在面对人际关系关节点时，你有三种选择，也会对你们的关系产生三种不同的影响——你的做法是积极的。本来面对关节点时，你可以把握它，可以争取后再失去，又或是直接无视，但你就成功把握了它。"人际关系关节点"缩写为 RIO。通过给妻子做饭，你就成功抓住了巩固婚姻关系的机会。你这次的收益很大，你真是棒极了。

杰克：（陷入了久久的沉默中。）

我：杰克，你还在听吗？

杰克：在的……我只是在想，为什么以前我没有这么做？我刚刚才想到其实之前我就能这么做，但却没有，至少在前三段婚姻中都没有。

这场谈话给我两点启示：第一，他对于过去的思考提醒了我，因为我在与妻子、孩子、下属和商业伙伴相处时，从来没能把握到关节点；第二，他给妻子做饭也启发了我，我也打算好好抓住夫妻关系的关节点，在老婆回家时给她做好饭，而且立刻就实施。正好那天我下班很早，就主动给她做了饭，就像杰克对他老婆那样。

关于人际关系关节点，还有一点至关重要：我们不仅可以被动等待机会，还可以主动创造机会。我们既可以主动采取行动给对方制造美好印象，比如说为伴侣做饭，也可以顺应机会，就像那位善良的乘务员一样。

关系关节点每天都会出现多次。可以说，每当我们和别人交往互动时，它们都会出现：可以出现在客户关系中，就像我与赫兹订车员、乘务员与小女孩一样；也可以出现在家庭关系中，比如杰克和他妻子；也可以在朋友关系中，就像我和杰克；也存在于同事关系中。每个关节点都会以不同的方式决定关系走向，如果成功把握，就会促进这段关系。但如果只是忽略甚至放弃关节点，就会对人际关系产生消极的影响。须知忽略或放弃关系关节点是要付出代价的，人际关系无疑也会遭受打击。

在接下来的章节里，你会看到一个公司的前车之鉴，这个公司对关系关节点没能加以利用。关于人际关系关节点，我想强调五点：

- ·关节点每天都会出现
- ·关节点数不胜数
- ·关节点决定人际关系状况
- ·关节点会向别人展现你的优点和作用
- ·关节点可以促进、削弱或是破坏人际关系

　　关系关节点组成了各种各样的人际关系，我们在关节点的表现会给对方留下或好或坏的印象。对你来说，关系关节点带来了什么？仔细回想一下最近的关系关节点吧，看看自己的行为会给对方留下怎样的印象。还有没有人际关系可以继续改善的？答案是肯定的！

　　无论在生活还是工作中，我们都能找出事关自身形象的关节点，然后加以把握和利用。这样对我们与心系之人和敬重之人间的关系，都能起到极大的促进作用。

我只想让他多与我交流。他总是在忙，忙着和所有人周旋，忙着处理各种事务，但就是不和我待在一起。我还不如单身呢，毕竟这日子过得就像单身生活一样。他总是不在家，就算他回来，也从不听我说话，也不会和我说他的想法。

——妻子

她总是喋喋不休，我只是希望她能少些抱怨。每当我下班回家，一身疲惫时，她总会向我唠叨各种琐事，什么洗衣机坏了、她妹妹又和男朋友吵架了、孩子又淘气了……她一开口就是抱怨。

——丈夫

对于关系，尤其是最亲近的关系，我们更倾向于把它们看成是顺其自然的产物，而不是我们自己的选择和意向。但关系的演变趋势其实是由双方的行为决定的。

3

社交也需要目标和方向

◢ 社交的走向取决于你的意图

十多年前，我们团队与一家应急服务公司的 CEO 及其管理团队进行合作。我们团队负责帮助他们提升公司内部的协作性，振作工作士气。表面上，这项任务简单无比：只要对员工进行相关训练以帮助他们化解矛盾，对领导层进行六个月的专门辅导，再动员几项团队建设活动。这样，大家就能愉快地共事了。

可事实并非如此。公司社交的局面给我们上了沉重的一课：人们无视人际关系关节点，给彼此带来的结果是惨痛的。

公司内有员工反映管理层的行为不端，因此，董事会直接联系了我们。汤姆是管理层一把手，担任公司CEO，他虽做事专注，从不拖泥带水，但为人专断，看重手中的权力。正因为如此，董事会才来找我们帮忙。有几个员工反映汤姆利用职权兴不正之风，就连管理层中也有人反映汤姆偏袒亲信，助长他们滥用职权的风气。

董事会不知应该相信谁，因为自聘用汤姆后，公司业绩一路高飞。汤姆实行全新的战略，推出新产品、新服务。董事会表示，会尽最大努力改善当前的局面，只要汤姆能继续担任CEO一职。

于是董事会找到了我们，让我们分析当下的形势，在以下三个方案中选一个：1.解雇汤姆；2.帮助并扶持汤姆；3.留任汤姆，解雇管理层的其他管理者。

通过面谈、座谈，我们自己做了一个方案，方案中加入了足以扭转局势的亮点。我们收集到的信息反映出公司内部存在多种人际关系，而其中绝大多数都是负面、排外的，对自己团队之外的人都是抱有敌意的。

汤姆、副总裁和人力资源部总管是个小团体。

销售经理和其他两个部门经理是个小团体。

卡拉马祖区的员工是个小团体。

休斯敦区的员工是个小团体。

无论是哪个团体，成员们都十分忠诚，对不属于自己团体的其他人，往往都无动于衷，甚至对立。公司内的人际关系呈剑拔弩张之势。

接手这个案子是在 2005 年，那时，遇到类似汤姆这样人际关系和团队工作出现问题的案例时，我们的对策无非是维护团队建设、化解人际矛盾。方法我们已经用了多次，也是行之有效的，旨在引导管理者和团队成员尽好作为团队中一分子的责任。

因此，根据董事会提供的信息，我们将案例定性为"员工需学会合作共事"，并进行了充分的准备。可事实与我们的设想不同：实际上，公司里充斥着区域性、敌对性派别，彼此戒备，裙带之风盛行，整个办公室弥漫着怒气、互防和敌意。领导与领导之间、团队与团队之间都互不相容。

面对这种局面，我们只能制定出全新的办法。董事会给出的三条方案都是不可行的：首先，解雇汤姆并不能消除员工之间的敌对和戒备；第二，仅仅对汤姆一人进行引导无异于杯水车薪；第三，留任汤姆、解雇其他领导人会让员工们觉得自己被孤立，疑心会甚嚣尘上。因此，要解决这个问题，一般的干预手段是不够的，要进行大规模、切中要害的整改，其中就包括消除汤姆和领导层现有的不和谐关系。

我们的推荐方案分为两步。首先，每个人都要留任——我们认为没有人应该离职（至少目前还没有）。

第二，也是更重要的一步，那就是重新调整汤姆和管理层的奖金结构。是的，这就是力挽狂澜之处。目前，这家公司就像美国南北战争那样"战况激烈"，应该给身处人际关系乱局中的领导设置特别奖金，将过去汤姆和其他管理者每季度的业绩奖金改为缓和人际关系的社交奖金——这会激励领导者积极改善人际关系。董事会对这项专为人际关系恶劣的领导设置的奖金有些忧虑，但最终还是接受了我们的方案。

这个案例对我们来说前所未有。在这之前，我们仅仅要求当事人集中精力修补人际关系即可。一旦公司中的人际关系出现裂痕，问题大多出现在小团队中，无外乎私人恩怨。就像我之前所说的那样，绝大多数的人际矛盾通过团队建设和指导课程就能解决，员工也会一如既往地工作。

但这次情况全然不同。整个公司都陷入纷争之中，每个部门亦是如此。高层领导、管理者以及员工都无一幸免，每个人都有或多或少的人际矛盾。负面情绪和权贵之气伤及所有。只有将领导奖金和人际关系挂钩，才能让这个充满偏见、排外的公司重视起对人际关系的培养。

　　根据调查、座谈会和一对一面试的结果，我们发现员工、管理者和领导者都希望并需要改变当前的社交状况。

　　比如说，调查表的评分范围是 1-5 分，其中 5 分代表"十分符合"。表中"信任工作伙伴"一栏的平均分为 1.5 分，85% 的参与者在这一栏填的分数是 1 和 2，很少有人信任同事。

　　还有一栏："如果工作中有件事会好转，你希望是"，供填表者选择的有五种选项，分别是"信任""与老板的关系""与同事的关系""工资""工作"。76% 的人选了"与老板的关系"和"与同事的关系"。每一个涉及信任和关系的栏目，其评分都明确反映出人们渴望改善同上司和同事的关系——要是他们知道改善的方法，问题就解决了。

　　这项调查给了我们信心，也带来乐趣。人们内心期望人际关系得到改善，这一发现让我们欣喜不已。可他们为什么从不付诸实践？我们还忽略了什么？人们到底做了什么，又少做了什么，才会与健康的人际关系失之交臂？

你是否有过这样的时刻：咖啡洒了，却没有溅到身上？吐司从手中滑下，蘸着果酱的一面却恰好朝上？在驶进加油站时，车正好没油了？没有过吗？其实我也没有。但这种经历即使只发生一次，不也是很美妙吗？工作中，这种偶然性如果发生，也是好事一桩啊。

前面已经提到过，调查结果反映人们内心希望改善人际关系，却不知如何下手。因此，寻找合适的方法加以改变正是我们团队的任务。然而，我们无法替代员工去改善人际关系，能做到的只有员工自己。最终，我们把任务定为员工创造改善人际关系的机会。

修改了方案后，董事会便即刻同意并实行了。然而，汤姆和管理层却慌了神，他们担心局面失去控制，觉得我们的方案会混淆职业定位，削弱责任感，破坏领导者权威，毁掉现在的工作队伍。他们的担心是对的，我们的方案就是要变动现在的职位、责任、权威和种种关系。

可随着方案的实施，汤姆和其他领导渐渐从一开始的诧异中回过神来，甚至反过来支持这项方案。

"怎么又改变主意了？"我问汤姆。

"我们管理层在前三个月绞尽脑汁反对这场变革，没能找到对策，却发现问题出在我们本身。"汤姆用手捋了捋头发，"董事会已经表明，这是我们改变局势的唯一机会。于是我们研究了方案，发现如果按照你们的方法，我们不会有任何损失，而且还会有好处。你们可以相信我们，我们对方案的执行可是高度自觉啊。"

这就是人际关系关节点，而且汤姆成功把握住了！那一刻，汤姆的谦逊有度让我们对他和他领导工作的好感度直增 100 倍。汤姆和管理层决定下手整治公司的人际状况。

还记得刚才提到的关于咖啡、吐司和加油站的凑巧之事吗？正是这种时刻：咖啡洒了，却没有溅到身上；吐司从手中滑下，粘着果酱的一面却恰好朝上；在驶进加油站时，油正好用光。

汤姆说他们对方案的执行"高度自觉"。这里的"自觉"就像闪电，一瞬间照亮天空，就像是团队中所有人心有灵犀同时想到一起一样。

"自觉，即有意而为之。"我们异口同声道。

我们团队已经给其他客户制定了方案，叫作《有意而为：利用自身优势创造业绩》，帮助客户通过盖洛普优势识别器、麦尔斯－布瑞格斯性格类型指标和其他工具，有意识地利用自己的优势。我们发现，尽管人们乐于捕捉自己的优势特长和性格类型，但大部分人付诸实践的时间不会超过 90 天。为了改善这一状况，我们还推出了一个意向性方案，旨在加强人们在日常工作中发挥自身优势的意识。方案实施过程中，只要人们找到了自己的性格类型、优势特长和过人之处，我们就会引导他们有意识地实践。

根据牛津字典，"意向"是指怀有某种目的故意而为——将自己的想法、理念、企盼、希望寄之于某个目标物或目标事件上。[4] 根据韦氏词典，"意向"是指根据计划或意愿做某事。[5] 简单来说，"意向"就是专注于目标并努力实现它，我们会把目标定为工作满意度、工作业绩以及合适的工作，引导员工多留意自身优势并加以发挥，他们的表现就会惊喜连连。

一开始和汤姆他们合作时，我们就知晓了意向的力量。然而，几个月下来，对于具体方法我们仍是毫无头绪，而赋予我们灵感的只有汤姆：我们可以选择自己的行为方式——根据自己的目标来选择。如果想练肌肉，就每天坚持去健身房，练习举重，增加蛋白质摄取量——这就是根据目标调整自己的行为。如果想竞争某个需要专业能力的职位，就去参加相应的培训班——这就是为增加录用机会而改变自己。

同样地，在社交时，我们首先要明确自己的目标，然后再做相应的改变。生活中、工作上，你的目标是什么？你期望取得什么？你的实践是否与目标一致？这些问题可以归纳为一个：你的意图是什么？汤姆和其他领导者在公司进行了一系列积极、全面的整改，就是受了这个问题的启发。

在日常关系中，我们经常忽略意图——或者说选择，面对家庭成员时尤是如此。然而意图却影响着我们与伴侣、手足及朋友之间的关系。

再想想本章开头的那对夫妻。显而易见，对于彼此，他们在心里都下了定义。妻子觉得丈夫不关心自己，丈夫觉得妻子喋喋不休。结果，这两人相互僵持、不肯让步，就对婚姻关系造成了伤害。

通常，我们不会意识到正是自己的目的和行为造成了当下的关系状况，反而觉得关系的演变是自发、无意识、无规律的。社会、长辈还有过来人总是强调这一点：关系，尤其是那些最亲密的关系，都是自然而然形成的。

你是否对下面这些话耳熟能详："我们邂逅在食品店，然后就这么好起来了""我们只是萍水相逢""我们一拍即合""我们一见如故""第一次见面我就知道我们会成为好友"。

此外，你还会听到不同的声音："看见他就觉得他不顺眼""她很烦""我们性格上合不来"。这些话通通表明，我们总是把人际关系置之身外，认为关系的演变是不可控的。

对于关系，尤其是最亲近的关系，我们更倾向于把它们看成顺其自然的产物，而不是我们自己的选择和意向。大家不要误会，邂逅、偶遇、巧合都是确有发生的，但是，当关系确定后，关系的演变趋势则是由双方的行为决定的。我们的为人行事，面对眼前的机会做出的选择，都事关一段关系的"生死"。可是，多数人都没能意识到言行举止对人际关系的重要性。

身处社交圈，我们的一言一行都取决于自己的选择，实际上，我们可以通过不同的行为来处理不同的关系，无论是家庭关系、工作关系，还是生活中的其他关系。即使面对亲人，我们也可以决定是否继续来往。关系的命运取决于我们自己，关系多深、持续多久和进展快慢完全掌握在自己手中。我们可以催生它、持续它，也可以终结它，完全由我们自己把握。我们自己决定交往的对象，在工作和其他社交圈子中，与他人是否熟知或是否相识完全在于我们自己的选择。

想想看：你的朋友圈为什么会由这些人组成呢？想想身边的亲人、朋友和同事，一个都别落下，仔细回想每个人的特征，然后再回答这个问题——为什么会和这个人交往？我希望你的回答是：因为我想和他们来往。

还记得我上一章提到的杰克吗？他在准备晚餐时和我通电话，在我的提醒下陷入了沉默。那时，他意识到原来行事方式是可以选择的，而事实也是如此。他还意识到自己过去的行为同样对关系产生了影响，以后也是如此。

那么，你的社交圈状况如何？也就是说，你善于处理人际关系吗？作为伴侣，你是怎样对待婚姻的？作为父母，你是怎样对待孩子的？作为手足，你是怎样与兄弟姐妹相处的？作为管理者，你是如何对待下属的？作为下级，你又是怎样应对老板的？作为同事，你是怎样面对团队的？

　　如果你在社交圈的表现平平，那就有计划地行动吧，就像汤姆那样，去抓住并利用关系关节点，让社交圈更上一层楼。

我觉得老板很尊重我和团队的工作成果，通过最近的项目更能看得出来。我们不遗余力，按时完成任务，经费也得到充分利用，效果超过预期目标。我有时会督促员工，保证工作不出差错，按时完成，这是职责所在。我保证任务圆满完成，这是毋庸置疑的。我不在乎别人喜不喜欢我，作秀不是我的目的所在，毕竟我来这儿是为了工作的。好吧，也许有人会不爽，但这也是好事，至少说明他们还是把工作放在心上的。对于我来说，完成任务就是一切。

——乔

乔很出色，每次任务他都能完成甚至超过预期。但他态度专横，破坏团队士气。他总是冒犯别人，瞧不上他们的想法和意见。领导层已经确定了对他的发展方案，我们决定提拔他。再有几个月我就退休了，乔是个有远见有能力的人才，公司的未来需要他。可现在，员工对他的意见太大了，他的团队、同事、客户以及我的同事都跟他不和。希望他对别人态度好些，不要再冲撞无礼了。

——乔的老板

所谓关系就是与他人维系或打造联系，每段关系都不是自然发生的，而是事在人为的。当我们有意识、有目的地采取行动时，关系是可以蓬勃发展的。

4

做最好的自己，让社交更加有效

◢ 在社交中展现自己最好的一面

对于汤姆、他的团队和整个公司来说，"意在何为？"
这个问题是搞清状况、设定目标的中轴线。汤姆对我们工
作的支持，以及在回应时表现出的毅然决然，都激励着我
们努力帮助领导层重塑公司的社交局面。他们全力配合我
们以完成目标。一开始，他们鼓励员工相互确定对彼此的
意向。

这一步很重要，因为我们很少注意到实际行为会与原
本的目的相悖。

我们不想参与到背后捅刀、两面三刀、背信弃义的小人之交中，这个公司的员工也同样如此。多数人都说自己不想身处作风不正的关系中。可事实却很遗憾，人们的实际行为和最初对自身及他人的意图与期望却是越来越相悖了。员工纷纷宣称，公司内部派别斗争激烈，他们不得不违背自己原本的意愿，服从派别归属。他们还承认自己在原则上做了让步，容忍了不良关系的存在。

大部分人都如此回应，这让汤姆、领导层和我们都目瞪口呆。原来员工们对紧张的人际关系也是痛心的，这让我们心生惊喜。他们宣泄了心中由来已久的憋闷，有的甚至在面谈中哭了起来，承认自己对于不堪的人际状况也有责任。在所有的一对一面谈中，所有参与者都表明要尽一己之力，给公司当前的状况带来改变。我们简直不敢相信眼前的一切——原来大家也是渴望有个温馨和睦的工作环境的！

我们从未遇到过像这样全公司上下都能达成共识的情况，之前的案子多半是集中在公司小团体、夫妻、家庭中，

从来没有这种从员工到管理者，再到高层领导这样的整体
一致性。大家开始着手改善人际关系了！

通常，人们不会这样看待人际关系：关系是可以用心
去打造的。我却对此深信不疑。我认为当我们有意识、有
目的地采取行动时，关系是可以蓬勃发展的。无论作为父
母、夫妻、兄弟手足、上司还是朋友，多问问自己"意在
何为"，都能有所收获。通过自问，可以摆明所需行为，
达到我们期望的目标。"意在何为？"这个问题，对汤姆
公司的上上下下都是极其关键、意义非凡的，人们为了修
补斑驳的人际关系，已经开始寻找方法和途径了。

首先，我们向他们提供了一份简短的评估表——"实
际行为/内心意愿"。该表有五个问题：

1. 对你来说，目前哪种关系最为重要？为什么？

2. 与人结交时，当时的目的是什么？

3. 如今的实际行为与当初的意愿相符吗？

4. 你希望在社交圈中有什么样的形象定位？

5. 你需要做出怎样的改变来加强人际关系？

回答这五个问题，掂量掂量自己的社交圈，想想自己应该在哪个方面进行改善。对于汤姆和整个公司来说，"你意在何为？"更像是一种战斗口号和集体活动，让大家彼此付出、彼此奉献。

要采取积极的意愿，而不是过去那种消极敌对的意愿，这样可以极大地提升整个领导层和员工之间的关系。芮妮·泰勒博士在其调研中也有类似的发现：有了积极的意愿，就会有积极的影响。因此，她创立了"意向关系模型（IRM）"，提高职业治疗师对患者的医治效果。她让治疗师有计划地改善与患者的关系，并记录状况。在一篇与他人合写的文章中，她解释了该模型的使用目的和用法：

此模型旨在三点：第一，治疗师应将其用于自我反照，去培养医患关系……IRM 的终极目标就是帮助治疗师改善医患关系，增强治疗效果。[6]

一旦治疗师想给予病人更多帮助，就会有意发展人际关系了。想想在你的成长过程中，家庭关系是如何进展的？父母之间是怎么处理夫妻关系的？他们对彼此有何意愿？对孩子们又有什么想法？你的家庭生活又对你在其他领域中的社交有什么影响？

在我们尚未出生时，就已经有了人际关系了。当小生命在腹中踢腿伸拳时，母亲就和胎儿有了联系。[7]

仅仅作为新生儿，我们在母亲40周的孕期里就已经与外界有了联系。玛丽·贝斯·斯坦菲尔德是加州大学戴维斯医学中心的医学博士，她指出婴儿在生下来仅仅几天后，就能主动跟母亲互动了：

正常健全的婴儿在生下来后，就会自然而然地建立起与外界的关系。他们会哭，会闹出动静，会笑，会找母乳，会和关心自己的大人眼神接触，如果这个大人予以回应，婴儿与大人之间就产生了信任，甚至有一生的羁绊。[8]

既然人际关系存在已久，是人生中自然而然的一部分，那为什么我们还对建立并保持良好的人际关系一头雾水呢？无论是家庭关系还是工作关系都是如此？我们觉得关系得花心思培养才行，即使是像母子关系那样最平常的关系，也是得花心思去培养才行。无论什么关系，我们都不能等闲视之，甚至是母亲和孩子，都要花力气去维系。

我多次提到，关系不是自然发生的，而是事在人为的。每段关系都是通过把握关系关节点打造出来的，这正是汤姆和其他公司员工的可贵之处：他们学着花心思去改善社交状况。所谓关系就是与他人维系或打造联系。然而，汤姆及其整个公司的内部关系却是在该定义之外。

和他人一起生活或工作时，他们行事的目的性更强了。比如说，凯西和唐娜，她们已经在公司待了几十年，彼此势不两立，甚至因为嫉妒对方而耽误交货和服务的时间。然而，接受意向性训练后，两人互发邮件，表明一切都过去了，她们会积极对待这段关系，每周在午餐时间见一次面，交流增强企业效益的办法。不久以后，两人手下的团队也开始冰释前嫌了。

公司上下都开始加大力气改善人际关系，他们很好地诠释了我们对"目的性社交"的定义。所谓"目的性社交"就是利用自己的个人特色、谈话风格、观念想法以及影响力来打造真诚相待的人际关系。

这些都是在汤姆公司实实在在发生的，整个公司都对社交乐此不疲。他们开始利用自身和他人身上的特点，将谈话作为思想、理念和信息高效率交流的后花园；他们自由地表达对自身、工作和文化的观点，用以帮助别人，会说出自己的心声，也会给对方表达心声的权利；他们会动用自己在公司内外的影响力以成人之美。一切努力都是为了公司的辉煌和同事的成就。

让我们换个角度看这个问题。我的恋爱已经是 20 世纪的事了，那时，在出门约会之前（尤其是之前已经约会不止一次了），按规矩，小伙子都会被邀至姑娘家，回答姑娘爸妈的问题：你意在何为？之所以问这个问题，是因为姑娘的父母想试探小伙子对恋爱的态度，话外之音就是：你到底对我的女儿有什么想法？你对她是认真的，还是只是玩玩而已？通过这次问话，姑娘家的父母就给出了明确的态度，期望他们能喜结连理。

对于热恋的情侣来说这种时刻是尴尬不已的，但对老夫老妻来说，却是值得怀念的，因为这是决定他们关系走向的时刻。

可以看出，意愿就是行动的先兆，意愿预示了我们会做什么、与谁共事、目的何在……如今，生意人都深谙这一点，靠知晓消费者的需求才能过活。消费者需求已经算作商家战略规划的一部分。像赫兹、沃尔玛、诺德斯特龙和丰田这样的企业都热衷于发现并预测需求趋势，通过调查、试样、面谈和其他市场调查等手段来抓住消费者的需求。无论商家是谁，又采取了什么方法，他们都在追求同一件事——大众对产品的需求。这些都建立在意愿影响行为的基础之上，而事实也的确如此。

意愿——名词，表示想法、观念，作为动词表示有意、有目的、有计划地做某事或某种行为。在汤姆公司内部，行为会影响关系状况，而这些行为都是有意而为。他们会故意做出错误的行为，他们不回电话、不给其他团体转发有用信息、互相说坏话等，这些都是有心之举。他们故意伤害别人，也拒绝和善。幸运的是，随着时间的推移，汤姆和手下的员工开始意识到他们这些有心之举会对社交带来恶劣的影响。

想想一段关系。在这段关系中，你是怎么做的？工作中，你有什么目标？行为又是怎样影响人际关系，继而帮助你达到目标的呢？

你的私交如何呢？意欲何在？所作所为能否助你获得散发着和谐、尊重和关爱的关系呢？通常，每当我们开始一段新的交往历程时，都是心怀好意的，但随着双方言行举止的演变，关系每况愈下。

这种改变是悲哀的，甚至是悲惨的，这并不是因为悲剧就应该发生，而是因为我们本可以通过有意引导自己的行为来防止它发生。你也许会问："我也想用心经营人际关系，可面对良莠不齐的人际关系，我该怎么做呢？有没有循序渐进、简单易行的方法？"

停下手边的事，仔细回想：刚开始与某人交往时，你的想法是什么？请写下来。

现在的想法与当初一致吗？如果不一致，又有了什么新想法？请写下来。

现在，你可以做些什么去抓住关系关节点、改善人际关系？请写下来。

然后付诸行动吧。

行医时，我最看重的是照顾病人、与他们交流。当然，专业的医学知识和准确的治疗方法也同样重要。所以，当病人给我看他腹部的斑时，我十分震惊。这块斑是术后才出现的，手术中也没有异常的操作。我理解他的担心，并和他一起承担这份担心。我知道那不是瘊子或是瘀青，更像个胎记。我直接承认自己没有能力除去这个斑。最终，我只是开了方子让他试试效果。

——医生

手术很顺利，术后疼痛感不强，康复时间短。可是，之后在腹部开刀处旁，毫无缘由地出现了一块深褐色的斑，长15厘米宽3厘米，呈条状，在腹部右侧。因此在术后会诊时，我把情况告诉了主刀医生，可他也不知道缘由。

　　主刀医生是个好人，我很喜欢他，他很专业，也很会关怀别人，我很理解他、信任他。的确，这块斑让我很苦恼，真不想看见它。这是手术引起的，我想知道原因然后除掉它。可我一点也不怪主刀医生，更不想起诉他。我很喜欢他，而且手术之后，我的病情也大有起色。

——病人

当人们相互鼓励时，他们会感到自己充满力量，觉得自己很有价值，为大家所接受，因此会毫无保留地分享自己的关注点和新主意。

5

积极的付出会带来有价值的回报

汤姆和领导层人员接受了这一任务，并表示会尽己所能地改善公司内部人际状况。可眼前的僵局持续时间太长、波及范围很广，人与人之间弥漫着对立仇恨的硝烟。长年累月的敌意和戒备已经根深蒂固，不可能在短时间内瓦解。恶意伤害对方已经成了思维习惯，连被他人伤害都已经形成了习惯。面对恶意，他们会毫不犹豫地反击，丝毫不顾忌后果。这些在公司已经司空见惯了。就算有新员工来到这里，老员工们也会"教"他们去恶意对待其他派别的同事和上司。

因此，尽管汤姆和其他八个领导人早就开始着手改变这种氛围，剩下三百名员工还是无动于衷，对改变现状毫无兴趣。

怎么改变这种充满敌意的团队氛围呢？我们的对策是：给他们一个停止伤害、互帮互助的理由——以此为据，教他们改变。核能可以用来摧毁生命，也可以用来发电。同样，关系关节点可以用来摧毁一段人际关系，也可以发展它，这取决于我们自己的选择。用心经营一段关系时，面对关系关节点，我们的选择只有一种，那就是与人为善。

记住，有心栽培社交之树是指善用自己的性格特点、对话交谈、观念见解和身份地位去和他人建立并维系相互奉献的关系。

在这本书里，我们共列出八种行动，会陆续在各大章节中详细介绍。这些行动可以推翻过去、打造全新的关系面貌，通过它们，可以辨认关系关节点并加以利用，加强与同事、配偶、孩子和朋友间的关系。

1. 鼓励
2. 理解
3. 交谈
4. 观察
5. 分享
6. 影响
7. 服务
8. 改变

公司逐渐落实这些行动，结果大有成效。之前我做了承诺——一旦将这些行动运用到生活和日常交往中去，就会有三点收获，而公司就亲眼见证了我承诺的实现。

· 加强现有的关系：如果你想维系现存的关系，本书
会向你提供方法。

· 对于不明朗的关系如何抉择：如果你有某些尚未
明朗化的关系，本书会指导你做出继续维持或迅速斩断的
抉择。

· 若要断绝关系，何时为佳：如果你不想再和某些人
来往，本书会指导你如何终结这段关系。

行动 #1：鼓励

关系关节点：看看自己面对关节点的态度和行动，来评价这段关系。

还记得"意在何为"这个问题吗？汤姆公司就给出了一个积极正面的回答："要鼓励别人"，这个回答就是他们对关系关节点的反应。他们有了新的理由这么做。无论关系关节点在何时出现，他们都会努力创造双赢的结果。这就是行动 #1：根据自己对关系关节点的反应来评价人际关系。在交往时，你是怎么对待关系关节点的——是利用它、废弃它，还是无视它？你会鼓励别人吗？

一旦汤姆他们明白为什么要抓住关系关节点创造双赢局面，他们也就知道了怎样成人之美。我在《用心经营谈话：重塑谈话，走向辉煌》中写道："当人们相互鼓励时，他们会感到自己充满力量，觉得自己很有价值，为大家所接受，因此会毫无保留地分享自己的关注点和新主意。"

这便是汤姆公司的改变。他们把握并利用关系关节点，将人际关系原有的恶意敌对转变为共赢和士气满满。当这种改变如火如荼时，员工们发现自己离成功进了一大步。知名作家、演说家金克拉曾说："坚持成人之美，总有一天会功德圆满，继而心想事成。"

这就是用心经营人际关系的开始——敏锐地审视人际关系带来的结果。与上司的关系是否给你带来了收获？你的上级有没有鼓励过你？

你的回答对公司至关重要。对关系关节点的把握情况会影响到公司运作。如果领导人之间发生矛盾，对应的下属就会支持利益相关的领导，而无视另一位。这种情况就是对关系关节点的消极反应。在汤姆的公司里，领导只会信任那些和"敌对"领导及其下属从不交谈的手下。后果就是信息延迟，因为各个派别不愿见面交流工作，造成工作逾期。

人际关系关节点还会影响个人工作效果。如果员工个人有人际矛盾，那么他的工作热情和工作效率都会受到影响。他的病假率会高到空前水平，人力资源部门每天都要接到关于恶意工作环境的海量投诉，人际关系状况差到极点。然而，当员工将注意力从自身转移到工作上时，他们会将"我"改成"我们"、"我的团队"改成"我们团队"，一切都在发生着改变，这就是汤姆公司的经历。他们开始将意愿付诸实践，开始互相鼓励，而不是像过去那样相互践踏、自相残杀。

在开始尝试鼓励别人时，马克和约翰（汤姆所在公司的员工）需要改变的地方就有很多。这两人属于同一团队，马克是经理，约翰是联合会代表。他们曾想着要在权力上压过彼此，然而这种斗争持续到那一天便停止了：那天，马克主动向约翰低头，他找到约翰，问他可否重写两人的关系。而约翰却有些犹豫，觉得他另有所图。直到马克手下一位员工出了事故，两人的局势才发生改变。

之前，一旦有员工要求联合会介入处理部门的内部纠纷时，马克就会假装很忙，他总是在法律规定期限的最后才开始跟联合会代表商谈，不情不愿的态度十分明显。直到马克开始落实行动 #1 指南，情况才有所好转。一开始对人际状况做自我评价时，马克意识到自己放弃了太多改善人际关系的机会，让关系每况愈下。但他以这次纠纷为契机，与约翰见面，想要加快合作进度，共事起来也更顺利了。

像马克那样经营人际关系，不仅仅意味着达成共识。无论是工作还是生活，如果要经营人际关系，双方誓要相互支持鼓励才行。在这里我用了"誓要"一词，是因为只有这个词才能体现出经营人际关系所需的努力程度。经营关系不仅仅意味着付出和索取，还意味着让步——要想成就对方，就得学会自己牺牲。

如此说来，人际关系是不对等的——其中一方总会付出或索取更多。事实的确如此。在你的社交圈中，双方是否都有这个觉悟：为了成全对方而承担责任、做好付出的准备？

为他人着想，带来的影响是深远的。回顾本章开头的例子，医生同病人建立了和谐关怀的关系，就化解了术后不良反应的诉讼问题。医生努力去关心病人并积极诊疗，病人对医生也会无比信任，这既维护了医生本人的利益，也加固了双方的关系。

一旦关系建成，无论是医患、夫妻、亲子还是上下级，都会给关系双方带来好处，这一点众所周知。然而可建成的方法却鲜为人知。当然，困扰你的无非是：出于某些原因，你必须去和某个很难交往的人结识。这种事例多半出现在家庭中，可能是孩子疏远你、兄弟姐妹与你合不来、和女婿儿媳难以相处，又或是工作上有不得不面对的上司和同事。

对于亲密、紧张或疏远的人际关系，怎样做才能抓住交往时的关系关节点呢？下次和伴侣、父母、手足、老板、下属或朋友见面共处时，用下面的问题问问自己，看看自己的人际状况如何：

1. 我是否明确交往时的意愿？

2. 为了成全对方，我能否做出让步或牺牲？

3. 为了成全对方，我能否改变自己的行为？

如果你对以上问题持肯定回答，说明你想要或需要这段关系，那么就请维系并保护这段关系。

升为餐厅主管几个月后，一天，有个厨房部的优秀员工喊住了我。之前，我一直觉得这名员工的潜力巨大，比起前几任主管都毫不逊色。因此，我开始给她一些工作机会，试探她的能力。她总能给我惊喜，每一次的工作她都能完成得比上次更好，我非常欣赏她。她喊住了我，对我说："谢谢您，海瑟小姐，谢谢您一直帮我。"我也立刻回应："没什么，我应该谢谢你才对，你的工作这么出色。"

——海瑟小姐，主管

我的反应似乎惊住了海瑟小姐，我不由得哽咽起来，浑身都在发抖。她赶紧把我拉到厨房后面的办公室，问我为什么会哭。我告诉她自己之前的工作经历，那时我觉得自己毫无价值，甚至有轻生的念头，那段时间我一直在安顿后事，为轻生做准备。然而，当海瑟小姐提拔我时，我竟然对轻生一事有了新的思考。我开始动摇，觉得自己还是有理由活下去的。

　　"我只是想感激您的救命之恩，"我对她说，"海瑟小姐，您不知道您对我的意义有多么重大。"

——员工

尽管每种关系都能体现出性格特点，但我们对性格的认知却并不完整。实际上，绝大多数人际矛盾的产生是因为他们并不了解自己的性格，也不知道性格决定行为方式。

6

显示自己的个性元素

在汤姆的公司中，员工们对自己的性格都毫无所知，更不用说别人的了。因此，同事之间一起合作、一起成功的机会就这样白白溜走了。如果前面例子中的那个员工是在汤姆公司工作，没有海瑟小姐的提拔，那她也许就看不到自己的优点和目标了。

然而，随着方案的落实，我们开始指导员工们发挥自己的个性优势，去建立良好的人际关系。

每个人的性格都是表现出来的，我们表现什么样，看起来就是什么样，对于每一段关系来说莫不如是。因此，人际关系也反映出人们多姿多彩的性格。实际上，和不同的人在一起时，我们表现出的性格特点也是不同的，每一种关系都有着独特的感受和氛围。

员工们开始理解并掌握关系走向。汤姆一反过去的常态，充分利用自己的性格特点把控关系走向，为员工树立榜样。为此，汤姆和员工们先需要做到知己知彼。

行动 #2：理解

关系关节点：推翻旧观点，用新的眼光看待自己和他人

经营一段人际关系，不仅需要知道对方的姓名、身高、体重、性别，还要去深刻地了解他。你要去了解他们的行事动机、爱憎喜恶、阅历经验等。培养人际关系，就要做到知己知彼。

记住，关系关节点每天都会出现，出现的时候就是他人对我们的性格贴上标签的时候，他们会通过观察我们的行为来评价我们。简单而常规的动作也是至关重要的，例如帮同事来回捎带信息等。又或是放慢工作的节奏，即使工作繁忙也要和善待人，就像案例中海瑟小姐把决意轻生的下属从死亡线上拉回来一样。关系关节点会反映出我们行事和反应的方式，人们也会据此判断我们是充满关怀还是资历尚浅。关系关节点反映出我们的性格特点的同时，我们也会窥视他人的性格特点。

在与人交往时，表现出来的种种会停留在对方脑海中。最理想的是大家都只记住那些最美好的时刻，可事实并非如此。人际关系会反映出我们美好的一面，也会反映出丑陋狼狈的一面。有些关系会显示我们最好的一面，有些则是参差不齐，有的甚至会表露出内心最肮脏的一面。因此，每种关系都有它自己的特色和走势。夫妻关系、亲子关系、上下级关系、同事关系等，每种都别具一格，它们会反映出你的每个侧面。

尽管每种关系都能体现出性格特点，但我们对性格的认知却并不完整，有很多人际矛盾都是由缺乏理解导致的。实际上，绝大多数人际矛盾的产生是因为多数人并不了解自己的性格，也不知道性格决定行为方式。

汤姆的公司发生了天翻地覆的转变：老板、同事和团队都纷纷开始利用性格特点去改善人际状况。起初，我们想了两个办法来展现交往时性格对行为的影响：第一，在团队中建立项目式学习氛围；第二，教授员工如何辨别、利用和掌握自己的性格特点。

项目式学习（PBL）是一种新型指导方法，美国教育体系已经开始将其用于帮助学生增强问题解决能力。美国普渡大学埃特默尔·佩吉·A和克丽丝塔·D·西蒙斯在《支架式教学：问题式学习》中指出：

研究显示，问题式学习可以促进学生思维灵活，能与同学高效率地合作学习。此外，PBL可增强学生多种问题的解决能力，比如说，针对某种问题做出具体详述，或加强对策的深度和广度。[9]

我们利用PBL达到上述效果，此外，我们还有一个目的，就是利用PBL去捕捉性格特点。在团队内部，成员性格多种多样。在管理者和员工们刚开始共事时，为了观察性格对人际关系的影响，并教授给大家，我们制定了一套具体实施的方案，让每个管理者和员工总结出不同途径提高其他团队工作效率和成本效用的原因，并总结出具体方法。

我们担心的是，员工们会觉得这项方案难以实施，尤其是那些循规蹈矩的员工。因此，我们没有强硬地分配任务，而是让员工自己选择其他团队的成员共同成立工作小组，集思广益。这样，他们就会迎难而上，明白做出改变的理论意义和现实意义，同时制定出改变的具体方法。为了保证干扰度最小，他们就会调整任务内容和汇报结构。

相应地，工作任务和监督管理的调整也就需要将个人职能和性格特点进行改变。有了董事会的支持，我们鼓励各工作小组改变工作职能和责任，保证一切顺利进行。最后，我们向董事会提议，为了让决策尽快达成，领导层也要有所行动。董事会同意后，一线的领导者们立即做出了人员调整的决定。人事方面有了变动，团队焕然一新，人际关系也重新洗牌，一扫过去的阴霾，呈现一片祥和之景。还有一点同样重要，那就是发挥性格特点的作用，领导者们已经将这一点运用起来。因此，我们的第二个任务就是教授员工性格的重要性，以及性格在日常交往时的意义。

工作时的性格是什么样的呢？这种性格就包含了对关系关节点的识别能力和把握能力。公司里，有一些人出于性格驱使，总是主动跟别人接触。与别人更加亲密的机会一出现，他们就能立刻捕捉到，也知道怎样将机会带来的效益最大化。

还有就是对人际关系关节点并不敏感的性格类型，这种类型在公司也很常见。这种人总会错过机会，只有在事后经人提醒才有所意识。

还有一些会主动为自己创造人际关系关节点的人。他们总会事先筹划，然后付诸行动。

无论你属于哪种类型，关系关节点都发生在你眼皮底下，如果能牢牢抓住，就会大有收获。比如说，汤姆不是那种善于把握和主动制造关系关节点的人，没人觉得他是个社交达人，他自己也安于现状。所以当我们指出人际状况和工作成就与领导者对关系关节点的态度息息相关时，汤姆就有了危机意识，陷入迷茫之中——他渴望成功，可如果成功是构建于社交达人的基础之上，那么他就注定是失败的。

你也许同汤姆性格相似，也许这种论调会让你稍感不适。不必担心，无论你是哪种性格，只要善于利用自己的独特之处、性格色彩，都能在与人交往时克服种种困难，成效颇丰。

无论性格如何，人总能在生活和工作上遇到人际关系关节点，通过它们改善、加强或维系人际关系。每个人都要学会善用人际关系关节点。

想要通过发挥个人特点将关系关节点的使用效益最大化，你首先得认识到自己的性格特征。对此，我给出的建议是选取一位社交助理。

加里和贝特西·理古奇在《真爱永恒》中，这样描述婚姻关系：

上帝给你最好的结婚礼物就是你的伴侣，他 / 她是你的一面镜子。如果上面有个标签，上面会写着："伴侣是镜子，照出你影子。" [10]

婚姻为我们带来一面镜子，这面镜子就是伴侣。工作则带来不止一面镜子，老板、下属、同事都是我们的镜子。我们彼此都是对方的倒影，因此，每天都有很多机会去照照自己。你看到了什么？你喜欢"镜子"里的自己吗？

起初，汤姆和员工们并不喜欢"镜子"里的自己，因此决定通过发挥个人性格来改变自己，这是他们的做法：

- ·学着欣赏和赞叹性格
- ·学着坦诚地谈论性格类型
- ·学着发挥性格特征，提高工作业绩

学着欣赏和赞叹性格

艾伦·查普曼在《性格理论、类型和测试》中解释了了解性格特征的好处：

了解性格类型、个性特征、思维方式和学习方式的理论对了解自身与他人的动机和行为大有裨益，在生活和工作中都很有帮助。通过了解不同的性格特点，我们可以领略到每种性格背后的价值、优点和品质，每个人都值得关爱和尊重。[11]

经过专门训练，公司三百名员工学着去表现自己的性格特色，也去欣赏周围同事的性格。汤姆敢于冒险，副总裁布拉德则做事谨慎，过去他们总是因为性格不合发生摩擦，实际上这两种性格是他们的财富。他们学着让两种性格相互借鉴，发现两人的观点相辅相成，做出的决策也更加有效可行。

你注意到自己和伴侣之间的性格差异了吗？这种差异有没有形成独特优势呢？

学着坦诚地谈论性格类型

人一旦对自己有了深刻的了解，自然就不会保持沉默，员工和管理者会主动交流彼此发现的结果。神奇的是，他们会交流性格带来的好处，以及调节性格的方法。信任在公司里慢慢传播起来，戒备心也淡化不少，RIO 带来了天翻地覆的变化。

你和朋友坦诚地交流过性格带给友谊的影响吗？

学着发挥性格特征，提高工作业绩

一开始接手这个案子时，我们曾试图打造工作团队，却遭遇滑铁卢，员工彼此之间关系破裂，因此我们终止了这个方案。可当员工明白要发挥性格的特点后，时局开始扭转：管理者和其手下的团队开始主动利用工作和职位去成人之美。

举个例子，米歇尔觉得自己不受员工欢迎，因为她从不说无关工作的话，永远循规蹈矩。她告诉我们，员工尊敬她、服从她，却不愿意接近她。可米歇尔发现，这种性格会促使她从独特的角度去看问题，而且员工对她的观点也十分赞同和尊重，她便主动担任联合会代表一职，"保证员工和公司完成目标"。

你能否利用自身的特点去改善职业生涯、家庭生活、社交状况呢？

汤姆和员工们了解到，成就的大小与能否利用自身性格与他人性格结成相辅相成之势直接相关。

我在《小小的言语，大大的改变》中提到，对自身个性的把握，或者说对性格差异的把握情况，可分为三个层次，本书对此也作了讨论。

发挥普通能力，即无法让自己的长处得到充分发挥。你身上 85% 的能力别人同样也具有。想想这些：你是公司里唯一的会议主持人吗？还有谁会处理数据？还有谁能起草一份问题报告，让这份报告充满挑战的乐趣，而不是像个可怕的累赘？这些任务看似紧迫，却动用不到个人特殊的能力，因为每个人都会做。

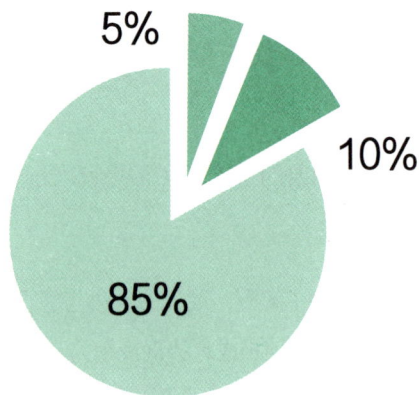

5%

10%

85%

可悲的是绝大多数人都停留在这85%的普通能力层次上，自己独特的能力得不到运用。这并不是因为这些事情不重要，它们也许是你工作的一部分，出于职责驱使和公司运作，你每天都要应付它们。但是无论这些工作有多重要，这些工作所需的能力并不会动用你个人的特殊长处，所以它们不会让你脱颖而出。

结果，这些工作，也可以说是应酬，不会激发你全部的工作激情和动力。你不得不去应付它们，实际上，还会有很多人将这些工作完成得比你更出色。

只有一小部分（约10%）的能力隐藏在发挥个人特点的层面上，如果别人也想获得这种能力，就只能通过训练和培训，包括高技能工作，或是你特别拿手、水平高超的工作，比如说创建具体工作表格，或是鼓舞销售团队士气，克服销售淡季。这些工作可以极大地挖掘你的潜能，锻炼你的创新能力，你也许会完成得十分出色。然而，成功是建立在熟练的理论知识和丰富的工作阅历基础之上的，这些只能通过刻苦学习和训练才能得来。

其实还有人通过训练和学习把这些特殊工作做好。这些工作不会主动出现在你面前，也不会带给你工作乐趣。做这些工作时你也是毫无兴致，只是接受命令不得已而为之罢了。

剩下那 5% 就是专为你个人量身打造的工作了，这些工作只有你能完成，或是只有通过你的方法才能完成，你会如鱼得水。这些工作就是专属于你的特殊贡献，当你投入到这些工作之中，你会觉得自己活力四射，工作效率也高得惊人。唯有自己可以完成这项工作，这便是快乐的源头，也会为你的职业和社交添上浓墨重彩的一笔。

面对这些如鱼得水的工作，你的个人才华会得到充分发挥。了解个人才华能够助你运用个人特色去重塑或加固人际关系。

汤姆和其他领导重新分配工作职责、将团队成员重新洗牌，以充分发挥这 5% 的能力，提高公司运作效率、人际状况和员工们的工作满意度。这样，公司员工第一次以周围的管理者、同事、朋友为镜，在镜中观望到自己。

你有没有社交助理呢？去寻找一个反照自己的"镜子"吧！生活上，这面镜子可以是配偶、父母、已经成年的儿女，或是朋友；工作上，可以是同事、上司、下属、导师，等等。充当"镜子"的人一定要关爱你、了解你。

这面镜子能照出你的性格对其他人的影响，你可以参照过去，也可以参照现在。当你从中汲取经验教训时，你会发现你已经开始经营人际关系了。毕竟，经营人际关系就包括知己知彼，充分发挥和利用彼此的性格特点。

副机长："除冰工作已经进行了一会儿了。"

几分钟过去了，机长和副机长还在讨论眼前的复杂状况，飞机刚刚着陆，上面结了一层冰。

副机长："冰还挂在飞机尾部，看看吧，就在那边……冰柱到处都是。"

机长："是啊。"

又几分钟过去了。

机长："小伙子，冰是不可能完全除干净的，只是让你感到安心罢了。"

除冰工作草草完成，飞机开始起飞。飞机冲在起飞道上，离开地面，向上攀升。很快，两位机长就觉得不对劲了。

副机长："天哪，看看指标表盘！出问题了！"

机长：（沉默）

副机长："啊，要出事了。"

机长："没事的，指标显示是80。"

副机长："可我觉得还是不对，也许只是我的错觉。"

机长："120。"

副机长："不知道。"

警报响起。飞机停止攀升，开始冲向地面。

机长："快！向前开！向上开！"五秒钟过去了。

副机长："拉里！我们掉下去了！拉里——"

机长："我知道——！"

——佛罗里达航空90号，1982年1月13日人们彼此间的交流就像呼吸那样自然，所以我们谈话的内容也就格外重要了。通过谈话，双方确定对彼此的喜恶，我们也能确定自己的性格、目标和价值

7

主动投入到社交中去

公司内部的人际关系与上下级之间、同级之间的谈话频率和质量直接相关。过去，如果谈话不愉快，就会对人际关系造成伤害，比如那些恶意、冒犯、排外性质的交谈，这些可作为反面教材。现在，公司氛围已经焕然一新，就出现了很多正面的例子，员工之间的对话加强了工作秩序，也体现了企业文化、工作目标以及工作方法。在交谈时，无论是泛泛之交还是亲密之交，双方关系都会得到发展。随着谈话次数的增多，信任、友爱、尊重和士气也逐渐涌现。

本章开头的例子就是一场失败的谈话，本例选自驾驶舱话音记录器的最后一段对话。飞机坠入波托马可河，机上机长、副机长以及 76 名乘客全部遇难，当时在十四号街大桥上还有 4 个人在车中，也被牵连到事故中而丧生。

如果机长注意到副机长的话，并迅速采取行动，悲剧就不会发生。

我们对经营人际关系的定义是：充分发挥个人性格、

对话交流、观念见解和影响力，去打造或维系一段人际关系。本章的重点是对话交流，这具有极其重大的意义，从佛罗里达航班的悲剧中就能看出来。

行动 #3：交谈

关系关节点：通过对话加快行为的改善

与他人来往，对话交流是很普遍的方式，有人的地方就有交谈声。在世界的各个角落里，语言和文化都是多姿多彩的，人们通过各种各样的语调、词语和标志来进行交流。人们彼此间的交流就像呼吸那样自然，所以我们谈话的内容也就格外重要了。通过谈话，双方确定对彼此的喜恶，决定是否继续交往，我们也能确定自己的性格、目标和价值。最重要的是，通过谈话我们能指定人际关系走向和交往对象。

改变与同僚、朋友和同事间的谈话方式总是简单易行的，改变与上下级间的谈话却难得多。盖洛普公司是专业调查公司，主攻绩效管理[12]，盖洛普在调查中指出，面对人际关系，管理者们会不知所措。调查显示，50% 的员工因为与上司沟通不畅而主动离职，鲜有管理者会主动和下属交流以巩固双方关系。这就造成了恶性循环：管理者不和下属交流，结果，大多数员工也不知道如何跟上司交流。

由于社交圈硝烟四起，这种恶性循环在汤姆公司表现得更加激烈突出。人们之所以交流，是为了压制对方。然而，当员工们学着将利用谈话把握关系关节点时，公司发生了天翻地覆的变化。就像我在《经营对话：重新思考每日谈话，改变职业生涯》中提到的，用心经营日常谈话是指"谈话双方高效率地交流想法、主意和信息"。[13]

我们知道汤姆和其下属通过"秘密模式"改善谈话质量。通过这种模式，你可以利用人与人之间的谈话改变行为方式。"秘密模式"分为六步：

第一，关注彼此。这一步是指在与人交往或交流时，将对方置于和自己同等甚至高于自己的地位，珍惜并尊重对方。

第二，成就对方。这是决定进展的关键一步，对于管理者、员工、夫妻双方来说都是如此，通过成就对方，交流和交往都能有所改善。这里的"成就对方"是指为对方的利益着想，有意成人之美。

第三，培养相互关系。这需要你花费时间精力甚至冒着风险去创造成人之美的机会，以加深彼此的关系，这一步需要双方的配合才能完成。"关注彼此""成就对方"只要一方做到即可，而"培养相互关系"则需双方的努力。如果这一步没有迈出，关系也只能停留在浅层次上。

第四，重塑反应。交谈时，我们要保证自己的反应可以使对话进行下去即可。经营对话需要考虑到自己和对方的需求，只有互利共赢，才能使谈话进行下去，彼此都要成人之美。这便是第四步。前三步中，管理者和员工已经投入了时间、精力，承受了风险，一旦双方专注于关注彼此、成就对方、培养相互关系，那么相互投入关系就建立了起来。第四步是精神上的投入，谈话的环境已经建成，接下来就进入正题了。前三步已经为双方的更进一步交往做了坚实的铺垫。

第五，加紧进攻。这听起来有些强硬。到了这一步，你已经做了巨大的投入，你已经"低下头来""成就对方""主动出击""重塑反应"。这时，你就可以坚持自己的想法、观点和信息，并加以实施。

这一步对于很多人来说比较困难，但也激动人心，因为一旦成功，就会立刻有进展。有一次，我乘坐联合航班3774从明尼阿波利斯到华盛顿杜勒斯，其间的经历就正好说明这个道理。

有人在进入飞机时，对站在门边的乘务员玛丽卡说：

"飞机上两英寸厚的积雪着实令人担心。"玛丽卡回应道："他就站在您身后。"

乘客一头雾水，说："这没关系，他可以等，我只是想确认飞机起飞前要先除冰。"其实，站在乘客身后的人恰恰就是机长杰森·格雷，他刚刚结束上一个飞行任务。听到乘客的质疑，他开口向乘客保证："我会处理好的。"

乘客点了点头，走向了座位。

乘客就座十五分钟后，飞机里传出格雷机长的声音："乘客们，飞机即将起飞，起飞前会进行除冰工作。首先，飞机上会泼橘黄色液体用以除冰，接下来还会再泼一次用以防止结冰。工作过程中，您可能会闻到除冰液的气味。感谢您的配合和信任，您的安全是我们的第一要务。"

对于这次经历，我对两点怀有感恩之情。第一，玛丽卡和机长格雷接受了乘客的质疑；第二，乘客语气较为强硬，加紧了语言上的"进攻"。

毫无疑问，除冰工作早已安排好，就算乘客不去提醒，工作也会照常进行。然而，乘客却听到了机长的通报，确认了除冰工作的进展。通过这场对话，核心问题已经引起了注意并加以实施。机长格雷、玛丽卡和热心乘客通过这次简短却有力的对话，对这一事关生死的问题做了确认、讨论并加以实行。在这个例子中，或者说所有对话中，谈话双方都能从中受益的。而佛罗里达 90 航班上的乘客就没有这么幸运了，起飞之前，副机长的话没有引起重视，造成了悲剧的发生。

第六步，择患救治。择患救治在急救工作中是关键步骤：对伤者进行分级，优先救治那些伤势最重的人。在交流中，择患救治的原则同样适用。

交流是个选择性的过程，就像冶炼工的火、制陶工的车床、农民的打谷场一样。谈话过程中出现的想法、观点和信息都能被细细检查、总结和归类。比如说，有些想法会被打上"无须保留"的标签，接着就会被人遗忘；有的就会被打上"以后还需要"的标签，这些会在以后的交流中继续使用；还有的被打上"重要、紧迫、突出、待解决"的标签，这些都是交流过程的核心和情绪带动点。

现在，我们关心的是如何结束谈话，因此，这一步就显得尤为重要了，之前的步骤都是这一步的铺垫。首先，将对方置于和自己同等的位置，并让对方感受到我们的用意（低下头来）；第二，付出，而不是索取（成就别人）；当双方处于同等的位置时，彼此都为对方着想，让关系更进一步的机会就产生了（主动出击）。只有从双方对抗的局面转成互惠共赢的格局，这一机会才能实现。关系越来越深，双方更多地为彼此付出，就会更加期待交流所带来的成果。为了摘得累累硕果，双方都应该注意并及时调整自己在谈话过程中的反应，促进关系继续提升（重塑反应）。

通过"加紧进攻"，我们赋予交流以实质性的作用。尽管每次谈话并不一定都用得上这一步，但你仍需学会表明自己的立场，不产生控制对方的坏念头。通过"择患救治"，你会明白如何划分谈话内容，并按照对方的重点继续交流。

交谈过程中的每个想法、观念和信息都会因双方下一步的计划得到编排。从这个角度来说，交谈就是对传达的信息进行精简、凝练和理解。实际上，每次谈话时，我们都能将对方传达的信息进行加工，再传递给对方。这一循环是积极高效的。[14]

然而，实际情况却很少这样。谈话更多地向坏的方向发展，我们总会错过接收新奇想法、观念和信息的机会。所幸，这是可以改变的：通过学习充分利用对话，我们可以将每场谈话的效果最大化，打造人际关系。

在合适的时间进行合适的谈话，甚至可以救人或防止问题发生。正确的交流可以改变交往时留给对方的印象。这体现了"秘密模式"的重要性：每一步都会促进谈话稳步进展，继而双方关系也会越来越亲密。

用心经营谈话会使双方给出的信息得到充分利用。这就像个犁地的农民一样，在地上刨土，得到新鲜的土壤，然后充分利用土壤里的养分。"秘密模式"帮我们开垦社交中的"休耕地"，除去那些老旧废弃的交流行为，展现我们内心的善意，但很多人不愿意表现这份善意，尽管这份善意在交谈过程中熠熠闪光。给予和付出就像把自己软弱的一面展现给别人一样，但这种软弱却是交流所需要的，也是交流的硕果。因为当我们向对方敞开心扉时，也会得到对方的馈赠。

管理者、员工、领导、下属、配偶、老师、学生等，无论是谁，只要采取这种交谈方法，都会增进人际关系。只要在交谈时给予、付出或收获，社交就会变得意义非凡，双方相互成就。

自从员工们将这六步贯彻到日常对话中以后，汤姆公司内人际局面有了极大的改变，着实有趣。经营人际关系，在于利用每一次交谈的机会，把握关系关节点，增进人际关系。

你将如何利用"秘密模式",加强夫妻关系和亲子关系呢?如何通过谈话交流,判断是否继续一段合作关系或朋友关系呢?试试下面的方法:

1. 注意自己说话的内容以及说话的方式。

· 你的话能起到鼓励别人的作用吗?

· 你注意到你的话语对别人产生的影响了吗?

· 交谈过程中,有没有出现一方占上风的情况?

2. 试想一下,不和对方交流,会是怎样的局面?

· 如果不和对方进行交谈,你会错过什么?

· 如果不再交谈,你们会错过什么?

· 回想一段人际关系,想想从对方的谈话中,你有何受益?

将"秘密模式"运用到谈话中，注意自己的说话内容和方式，加强人际关系。在社交时，将交流沟通作为一种提升自我和他人的方式。

回头看看刚开始谈恋爱的自己，真是令人惊奇。我和他性格大相径庭，甚至在很多方面都截然相反。他喜欢在人前表现自己，说起话来滔滔不绝，我却甘愿充当他人背景。这并不是说我在交谈时提不出观念和想法，我只是不想说出口而已。

　　直到我经历了伤痛、婚姻破碎，失去了家庭。我发现我的惨痛经历可以充当他人的前车之鉴。第一次讲述自己的过往时，我表现得十分不自然。后来在别人的要求下，我讲了一遍又一遍，他们的眼睛里溢满泪水，还说我的经历给了他们希望。我很快意识到还有很多人和我同病相怜，无论是出轨的一方还是被戴绿帽子的一方，都希望在婚外恋发生后，依然有希望和快乐。这时，我意识到自己的讲述会派上用场。

——妻子

看着她在众人面前讲述自己的故事，我十分震惊。她激情澎湃，又充满关切，很快俘获听众的心。当她提到我的婚外恋、她的心痛和接下来曲折的婚姻历程时，她一点都不恐惧。认识她的人都被她的气势所震撼，她的转变实在是太大了，她把自己的伤痛转为力量，带给大家。

——丈夫

要经营人际关系，就要有敏锐的洞察力，编织或维系人际关系。要培养洞察力，就要仔细观察周围的人，看看他们的行事方式，并联系到自己要了解的地方。

8

培养敏锐的洞察力

当重大自然灾害事故发生时，汤姆的公司负责提供相关的服务，如应急部门、应急设施等。如果遇到洪水、暴雪和飓风，汤姆和员工们就要去提供应援。可在之前，由于公司内部斗争严重，救援任务经常被耽误，原因在于员工们过于计较自我得失，将救援任务抛之脑后。克里夫顿·唐纳德·O 是我的导师也是朋友，他强调过个人任务和目的的概念性，并教导我们要身体力行。他在《利用优势高飞：商业管理理念——简单，又不简单》中写道："有了任务，就有了目标，任务赋予了做事的意义，解释了人做事的理由和内容。" [15]

汤姆对自己和他人进行观察后，无论是对自身的还是公司的任务都有了更清晰的理解。观察力是指对人或物的准确、深入的直观性理解。要经营人际关系，就要有敏锐的洞察力，编织或维系人际关系。

要培养洞察力，就要仔细观察周围的人，看看他们的行事方式，并联系到自己要了解的地方。

行动 #4：观察

关系关节点：观察他人的长处和特点

范·布朗是我的朋友，他是一位牧师，极富洞察力。他和一群人坐在教堂里，问他们："如果给你一次机会让一件事重新开始，你会怎么选择？"结果，每个人脱口而出的都是在家庭生活、教堂事务和其他方面没能成为领衔人物的遗憾，并举出具体事件。

"我当时很吃惊，"范说，"也很失望，他们的得失心丝毫未减，要知道，我已经花了几周的时间做'生命的意义'系列课程，他们没有掌握到课程的核心，即上帝赋予了你生活的目的，无论你有怎样的过去。但我不想放弃他们，所以我又问了他们一个问题。"

"'那又是什么导致了你们失败呢？'我问他们，他们便向我说了各种各样的原因。我又问他们：'是不是你们的愿望太大，连上帝都帮不了你们呢？'"

大家聊了两个小时，时而喧闹，时而静默。最后大家得出了结论——因为我得出了结论：其实大家并不害怕失败，人的一生大部分时间都会面临失败。他们有的进过监狱，有的酗酒，有的吸毒，几个月到几年的都有。

"但是，对于所有人来说，失败并不可怕，成功才是。成功保住工作或是保持镇定，意味着他们不得不牺牲情感、调整作息、减少闲暇时光。他们没想过要这种变动。想到这，我就开始考虑该怎么帮他们成功了。我知道，他们一旦开始思考每个人的梦想有几分实现的可能性时，他们也会明白这个道理。他们一个接一个地也得出相同的结论——凭借自己的力量。通过这场交流，他们收获了更多，明白了：要得到，就要付出。"

要想帮助别人，就要去了解他们，或者说努力地去了解他们。研究他们，洞察他们——就像范做的那样，这样，双方都能获得最大的收获。根据观察到的内容进行判断，有时你需要更努力地加强彼此的关系；而有时，则需要终止这段关系。

每当关系关节点来临，我们都要换上一双慧眼。然而，只有花心思去研究，也就是仔细洞察他人，才能和他人建立良好的人际关系。就像例子中的丈夫，他以全新的眼光看待和欣赏自己的妻子。通过研究他人，可以使人际关系得到改善。

身处社交圈，夫妻、亲子、手足、上下级、同事和朋友之间应该相互观察彼此，帮助对方逐渐成熟、走向成功。

还记得第六章提到的性格特点的发挥吗？在那一章，我们讨论了如何发挥性格特点去成就对方，章节最后还介绍了三种情况：首先是一般能力的展现，这些能力所有人都具备，体现不出你的长处和优势，占据你全部能力的85%；第二是技巧性能力的发挥，占据你全部能力的10%，别人只能通过学习和训练达到与你同样的水平；第三是发挥时如鱼得水的能力，这些能力占到5%，是专属于你个人的个性标签。

"心流理论"已经不是新鲜概念了。心理学家米哈里·契克森米哈将其解释为一种人们过于沉浸在一项活动中而忽略身边一切事物的状态。这并不是有意地进入这种状态，而是全身心地投入。我们就如何进入心流状态对汤姆和其他管理者进行了指导。

根据这三种情况，我们指导他们从六个角度来认识自己。同时，还指导他们利用学到的内容去提升员工的工作表现：

· 观察与评价

· 鼓舞与激励

· 吸收和借鉴

· 知识与积累

· 应急能力

· 优势与长处

观察与评价

通过这个角度加强或修复个人"品牌"形象，所谓"品牌"就是人的代表性举止，记录了人们的成功。要想知道蕴含在个人或企业形象、标语（品牌）中的内涵，得向销售专家支付几百万美元作咨询费才行。同事和朋友也会根据你的"个人品牌"判断能否和你长期相处。因此，你的形象对你个人和周围人都十分重要，得好好巩固和提升这一形象才行。你可以主动邀请家人、朋友、上司和同事来观察你、了解你，将那5%的潜能完全发挥出来。同时也要了解他们的潜能并给予支持。除此之外，还要抓住机会，丰富观察的结果和评价的内容。

鼓舞与激励

明确并培养前进的动力，激发干劲。这种动力可以是有偿的，也可以是无偿的，即使是有偿的，你也宁愿无偿付出。它可能会让你血脉贲张，浑身上下充满能量；也可能会泼你冷水，让你为之号哭，或是让你拍案而起、手舞足蹈。你无法对它移开目光，因为它是你用之不竭的动力。

无论作为管理者、配偶或是朋友，你都会激情四溢地邀请他们分享你的干劲，或是直接用这份干劲去点亮他人的生活。你还会观察到周围人的力量来源，鼓励他们继续保持这种热情，让他们尽力去拼搏，他们这种热情同样也会感染你。

吸收与借鉴

回首过去的经历，看看自己一路是怎样走来的。在人生路上前进时，我们收获了阅历，有激动人心的，也有不堪回首的，有经验，也有教训，毕竟吃一堑长一智。这一幕幕都融入我们的生命中，塑成我们现在的模样。

观察周围人的经历，注意自己的阅历对观察方式的影响。要吸收对自己有利的阅历，排除那些影响判断能力和社交能力的消极阅历。要有同情心，充满激情。

知识与积累

掌握最佳的学习方法。其实，当我们还在母亲肚子里尚未呱呱坠地时，我们就已经开始学习了。随着年龄慢慢增长，老师、经历、书籍、旅行、指导和学历等成就了现在的我们。学无止境，学习的能力也没有止境。

总有些学习经历是"黏人"的，它们与你形影不离，融入你骨子里。知识就是特有的记忆，就是信息的定向使用。

运用脑海里的知识，吸取周围人的经验，将学习的过程转变为关系关节点吧！

应急能力

应急技能蕴藏着巨大潜能，应该与其他技能加以区分。如果有意外发生，我们会有能力处理好它，这种能力就是"应急能力"。需要强调的是，应急能力是与生俱来的，是自发性质的，一触即发，也是我们的个性标签。

要锻炼应急能力，就要在生活和工作上寻找机会。当然，也要给别人留有余地。就像"鼓舞与激励"那样，应急能力同样需要新对策、新环境。

优势与长处

深入了解自己的想法观点、言行举止和喜恶。每个人都是独一无二的，思维、感受、举止都是不同的。你会用自己特有的方式去处理信息、对待感情、解决问题和与人沟通。你就是你！那些正确的思维、情感和行为，它们是自发而稳定的，这就是你的优势和长处。找出自己的优势，做更好的自己。

通过以上六种角度去看待他人，有两点好处：第一，洞察他人性格差异的能力越来越强；第二，可以借鉴他人的成功经历，并加以发挥。

了解意向差异会帮助你树立目标，从而明确人生方向，汤姆就是个例子。他学习了这六个角度的洞察力对行为和结果的影响，对自己有了深刻的认识：他发现自己大部分时间里都是不悦或愤怒的——因为他的工作与人生目标不符，这就造成了他与董事会、领导团队的爱恨交织。后果就是大部分时间里，他的行为举止都是消极的，对关系关节点漠不关心，更没想过要抓住它。最终，他承认自己确实很讨厌这份工作。

对于进步，人们都"垂涎三尺"，这种渴望是本能的。只有直接与他人交往，才能有所改变。汤姆发现自己不再进步了——他待在这个职位上的时间太长了，这份工作早已不适合他了。决定离开公司时，他又构想出新点子和新产品。这就是汤姆的自我认知，以及对自己工作的认知——他的影响，是在企业垂危时力挽狂澜，而不是守着一个蓬勃、成熟的企业，这样他会觉得无聊，甚至失望。汤姆最终辞职了，为了自己，也为了公司。

科维·斯蒂芬·R 在《高效能人士的七个习惯》中提到成功人士的习惯之一就是洞察，"先去了解他人，然后再被他人了解"。[16] 高效能人士乐于洞察一切。要洞察一个人，首先得注意他的一言一行，然后再去仔细研究——把注意力集中在他身上。

朱迪斯·马丁是"甜食控"的创新与研发部门经理，他在博客中解释了柯维的观点：

柯维强调要用心聆听对方，这比任何沟通技巧都要有用。

如果你全身心投入到聆听对方的行动中去，恋人、下属或他人都会觉得你很有趣。

真诚聆听，你会捕捉到朋友和同事的真实感受。[17]

深入地洞察他人，我们会对他们产生深层次的新看法。以马克思·特罗茨为例，作为沃尔格林的一位年轻经理，他观察一位工作表现不佳的员工。他注意到，那位员工表面上工作卖力，却不会在合适的地方做合适的事。他甚至怀疑是不是她超重的身材和较大的年龄让她的反应慢半拍，因为她跟不上其他员工的节奏。

直到继续观察后这位年轻经理才发现，这位员工看上去对新人十分友好，喜欢和大家谈天说地，但其实，她工作效率太差，已经难以在这种环境中继续待下去了，她确定顾客需求的时间花费太长了，摆放产品的速度也是很慢。在分秒必争的药品、日用品行业中，她的工作能力太差了。当时，特罗茨刚刚上任，对于员工是否工作高效还不能准确地区分。因此，他决定再观察一个礼拜。一天，他突然灵光一现，把这位员工调到了收银员的岗位。

我在沃尔格林年会上作了演讲，提到了特罗茨的事，那场会议有七千个领导人在场，他们认为，一个经验丰富的管理者是不会让业绩较差的员工直接接触客户的。然而，一个别具慧眼的管理者会这样做。在特罗茨这样调度之后，成效显而易见。在收银时，顾客无须四处走动，这时这位员工的社交能力就派上用场了。她会很自然地询问顾客有没有其他需求，并给出建议。几个月之后，她就成了该地区最棒的员工之一。

观察这名员工，考量她的能力，对她进行重新定位。在特罗茨的提拔下，她从业绩不良的员工跃升至出类拔萃。特罗茨目光长远，善于利用关系关节点。同样地，汤姆和员工们通过考量彼此的能力，也可以促进公司的发展。

你的洞察力如何呢？你有没有要深入观察的人际关系呢？通过洞察，会给双方都带来益处。以下三个问题，希望帮助你思考：

1. 你和交往的对象性格磨合得如何？

2. 你有没有仔细观察过对方？

3. 自我审视和这六种洞察角度是否在你决定关系走向时发挥作用？

再想想本章开头的例子。夫妻双方都明确了妻子蜕变、大胆表达内心情感和想法的原因。他们对事态都有着清晰深入的理解。

如何用这种洞察力加深人际关系？如果你对自身和他人有了深刻的了解，你会对自己的行为做出怎样的调整？

弗雷迪不仅仅是我的弟弟，他还是我的好搭档、决策时的好参谋。他虽没上过大学，但经验十足。身为他的哥哥，我以他为傲。我们家兄弟姐妹有十个，他是把每个人连接起来的纽带。

——哥哥

前一阵子，我突然发现哥哥很看重我的想法。当初他要结婚时，跑来问我的想法，询问怎么降低婚礼成本；他犹豫要跳槽时，向我询问要不要回学校继续学习。最终，他同意了我的建议，继续深造，并拿到了硕士学位，有了今天的成就。他是我最好的朋友，我愿意为他付出一切。

———弟弟

观点的交流反映出交往双方相互关心的程度，
对想法的重视程度是衡量关系亲密度的标尺，关系
是否亲近，从观念想法能否得到重视就能看出。

9

突出观念见解的重要性

　　想法观念的分享十分重要：实际上，这是人际关系得以维持的命脉。如果双方不再自由地交流观点、讨论想法，这段关系就会处于濒危状态。这种危险性不仅来源于双方不愿交流想法，还在于其中一方希望和关系之外的第三方进行交流。就像汤姆所在的公司那样，员工们不愿和汤姆或其他领导人交流，反而希望和董事会来往。

　　想法是否重要，取决于提出者的身份，和我们越是亲近的人，说话的分量也就越重；不怎么来往的人，说话的分量就轻；至于陌生人，连开口的机会都没有。同样，那些和我们关系紧张、疏远的人，其言语也很少引起我们的注意。

　　因此，对想法的重视程度是衡量关系亲密度的标尺——关系是否亲近，从观念想法能否得到重视就能看出。因此，要接受别人的想法，从一个方面来说，接受别人的想法也是对对方的肯定。

　　同样，对方向我们传达心情，这也意味着他们在乎我们。交往过程中，交流想法就意味着在乎对方。这就是本章开头例子所表达的：兄弟俩珍视彼此。

经营人际关系需要交流和分享彼此的观念见解，以造就或维系一段人际关系。在本章中，你会了解到如何通过分享观念见解这个渠道去评定人际关系，并为其增值。

行动 #5：分享

关系关节点：大胆地交流想法，无须顾忌

　　如果彼此的想法无法自由传递，这段关系就会走向灭亡。夫妻双方如果不愿意交流想法，那婚姻就会破裂；手足之间如果不进行交流，维系他们的就只有血缘而不是感情了；上下级之间如果不交流，工作就会消极懈怠。另一方面，无论是夫妻、上下级还是手足，如果他们乐于交流，那工作或生活中的互动就会更活跃，这也是因为他们无论在心理上还是感情上都注重自己的角色。他们在意公司的业绩，也关心其他人。盖洛普公司将那些积极交流想法的员工称作"潜力股"，指出"员工交流想法的自由程度反映出他们在工作中对自我价值的评估"[18]。"潜力股"一词，足以体现盖洛普对员工想法的重视。

　　人的想法当然重要，无论对于想要表达自己想法的人，或已经尝到交流想法甜头的人，还是准备吸取灵感的人来说，都是如此。面对困难，人们希望有人提出有效的对策。因此，观点的交流反映出交往双方相互关心的程度。

那你呢？你有没有认真对待工作和生活中别人提出的想法呢？有没有人重视你的想法呢？你能虚心接受别人的想法吗？你有没有足够的资本让自己的观点有感染力呢？

我们曾经向汤姆和其他员工问了这些问题，加深他们对交流想法的理解。

当时，公司内部的人际状况十分恶劣，大家不会随意地表达心声。这个问题在应急部门变得更加突出而危险。比如说，如果发生了天气事故，求救电话会打到内务区，告诉他们要做应援准备；接着内务区会向外援区发出救援通知——外援区负责派遣人员和物资。双方都应该保证信息传达无误且准时。

在座谈会上我们了解到，内务区员工承认他们向外援区隐瞒了自己对救援的有关想法，这些想法有可能帮助外援区了解事态的紧急和细节。我们请他们举个例子，他们说比如求救人语气慌张，他们甚至透过电话都能感觉到事态的紧急性，而且还有别的风险存在。

根据外援区人员态度是否友好，内务区再决定是否要告诉他们实情。大部分时候都是内务区人员拒绝透露这些想法，而这些想法事关人命。我们问他们既然知道事态的危急，为什么还要隐瞒，他们的回答是："我觉得自己的想法无关紧要。"事实上，汤姆公司内部人际关系恶劣，员工们不会重视同事们的想法。

汤普森·凯文·A在博客"想法无关紧要"中写道：我们的想法对他人来说，重要程度是不一的。

一旦谈到你的生活、你的决定、你的行为，我的观点就无关紧要了。

只有你在乎这些观点，它们才有了意义。如果你想要知道我的想法、见解，并期望聆听，那这些想法才重要起来。

可是，如果我们之间的关系还没到那一步，你就不会允许我对你的生活品头论足，所以我怎么想都没有意义了。[19]

那么我们该怎样交流想法呢？汤普森为我们做了指导，帮助我们确定交流想法的时机。

交流想法时，想想这些：

1. 想法是否具备有力的信息支撑？

2. 交流想法的动机是否正确？

3. 交流的对象是否合适？

4. 关系是否好到让我可以提出想法？

5. 试想如果调换了双方的位置，我是否能接受这个想法？

为定下合适的交流时机，你还有什么问题？ [20]

想法跃然于脑海，但事关个人，你只能自己决定是否要将其表达出来。对于每一个想法，你都面临着这个问题：怎么把想法告知别人，既对对方有利，又不损害自己？

交流想法之前，要先审视自己的感受、动机和行为。汤姆和员工们就做到了这一点，他们进行自我审查，找出没有提供重要工作信息的原因。大家不知道交流重要想法的必要性、时机和具体方式。他们发现，想法能否顺利地得到交流，人人有责。

你的社交圈适合表达自己的想法吗？有多适合呢？为了打造一段关系，我们得学会积极地交流想法。波士顿大学对此制定出一份"六步指导"，我们将其进行了细微的修改，帮助人们更好地交流：

1. 如果发现自己没有明确的理由去表达想法，还是不要表达了。多去鼓励对方，而不是评判。

2. 行为是事态的反映，而评判则站在"对与错""好与坏"的立场上。不要说批判性的语言，这样可以避免对方的反击。如客户询问登记步骤时，"你表现得真是自信满满啊"要比"你的沟通技巧不错"好得多。

3. 多观察，而不是打扰，即多看多听别人的言行举止，而不是对你看到的和听到的进行猜测和考虑。多关注对方的行为和自己的反应。如，"你把贫困补助申请表递给那个学生时，表现得漫不经心"要比"你是不是对所有学生都是这个态度啊"这种臆测好得多。

4. 多留心对方做的事，而不是他这个人，即多看看他的行为，而不是固守对方留给自己的印象。表述他的行为，多用形容动作的副词，而不是描述性的形容词。如，"你在职工大会上的讲话涉及的范围很广泛，除了重点内容，我还知道了很多东西"要比"你说得太多了"好得多。

5. 统筹正面评价和负面评价。如果你只给出正面评价，或只给出负面评价，对方会生疑心，你的评价也就掉价了。

6. 不要说得太多，选出两三个重点就可以了。如果你说得太多，对方会感到迷惑，搞不清重点在哪儿。如，"申请人数和登记时间都完成指标了，但你打字的错误太多了"，这样说比较好。[21]

了解交流想法的正确方式对双方都有好处。如果方式正确，想法的交流会为双方开启一段硕果累累的历程，汤姆和公司其他领导人就有这样的收获。当开始经营人际关系时，他们彼此之间的交流就多了起来。因此，员工们也开始表达那些一直深藏在心中的想法，这些想法大部分都是关于提高紧急救援任务效率的切实建议。其中一个是外援区的员工提出来的，是关于救援团队的待遇问题。

"我认为，"她说，"要增加救援队伍的反应时间，有个简单的方法。"

接着她又讲了，这些年来，她看到很多救援人员担心家里因为暴雪天气而断电，于是向公司建议给那些可能参与救援任务的员工们配给便携式发电机。这样做好在两点：第一，让员工安心；第二，表现出公司对员工的关心。

这位员工提出了自己的想法，加深了领导层对员工的了解。这一对策也增强了员工对公司的信任，提高了员工的工作能力。

观点的产生给信息分享提供了机会。然而，在双方交流时，信息的传递不是最重要的，也不是唯一的目的，风险与信任也会传递。一旦提出观点，就要面对观点被驳回的风险；而聆听者接受对方的观点，然后再进行决策，也需要承担相应的风险。观点的分享与双方的信任有关：双方能否信任彼此，并接受相应的责任？彼此之间的信任，可以促进关系蓬勃发展，也可以使关系"寿终正寝"。

交往中，交流想法是衡量双方信任程度的一种工具。你是否信任对方到足以讲出内心想法的程度？他们又是否足够信任你，可以接受你的看法，而不会强硬地反驳？

想法的交流在交往中很重要，因为通过交流想法，你可以判断出关系是否良好，是否垂危，或是否终结。

在根据交流想法是否通畅来评判人际关系前，先回答以下两个问题：

1. 交往时，对方接受或看重你的想法吗？

2. 你会接受或看重对方的想法吗？

如果你的回答都是肯定的，那么你就有希望通过交流想法和运用上一章提到的"秘密模式"原则，增强对彼此想法的开放度，从而加强人际关系；如果你的回答是否定的，那说明你的这段关系已经岌岌可危了。

总的来说，观点是：

· 衡量关系良好程度的标尺

- 传递信息、风险和信任的机会
- 交流取得成果的开端
- 人际关系得以维持的命脉
- 增进、加深双方关系的手段

只要汤姆在屋里，大家就知道他在场；只要梅丽莎没有加入讨论会，大家就会想到她的分析和问题。有些人总是引人瞩目的，可惜我从不是他们其中的一员。在派对上，我永远只是个背景，大多数人甚至都不知道我来了没有。

——马克

我和梅丽莎的确比较受人关注，马克比较低调沉默，但他总是看起来刚强而有力。他很少说话，但只要一开口，必是智慧无比的发言。客户和员工们都不约而同地称他作"甘道夫"——《指环王》中智慧高贵的巫师。

——汤姆

通常，我们没能发现贯穿人生起起伏伏的主线就是我们施加影响力的能力。交往时，人们会相互影响，并且在相互影响的过程中改变自己，也改变别人。

10

在交往中突出自己的存在感

"作为一名管理者，你觉得自己最重要的任务是什么？"在一次会议中，我这样问汤姆公司的管理者们，他们的回答不出我所料。有的回答是维护并提高公司的利润额；有的说是帮助员工高效地完成工作；有的说是慧眼辨识出优秀的员工们。后来，他们的讨论声渐渐消失，这时，会议室后方响起了一位女性的声音，她的声音不大，语气却很坚定。

"凭借自己的影响力，去改善与下属、客户之间的关系。"

顿时，会议室一片寂静，没有人再接话了，似乎每个人都屏住了呼吸一般。接着，大家都不约而同地惊叹道："哇！"

答案正是如此！管理者最重要的任务和手段就是他们自身的影响力——管理者会影响身旁的员工们。这一点也同样适用于任何关系：我们会影响周围的人。

行动 #6：影响

关系关节点：更进一步促进关系的事

就表面而言，每个人都是存在的，无论我们出现在哪里，我们都占用着一定的空间。然而，心理和交际上的"存在"，则是需要我们每个人都去学习的，就本章例子中的马克一样。本章的重点是如何利用自身影响力去打造或维系人际关系，我们将学习如何利用影响力改善生活中或工作上的社交。

交往时，人们会相互影响，并且在相互影响的过程中改变自己，也改变别人。然而，对于大部分人来说，如何利用自身的影响力是一件很复杂的事情。帕特森·凯里，约瑟夫·格雷尼，大卫·迈克菲尔德，让·麦克米伦，奥·史威茨勒在《影响力：改变一切的力量》中解释了施展影响力之所以十分困难的原因。

幸运的是，你已经学了雷茵霍尔德·尼布尔的祷告词

了：每天，你都会祈求内心的平静，接受自己无力改变的事实，祈求拥有勇气面对这些事实，并努力改变它们，祈求拥有智慧，明察细微差异之处。然而这就是问题的所在，我们每个人都会遇到这个问题。当我们面临巨大的挑战，而这些挑战只能通过打破根深蒂固的习惯才能被解决时，我们就会制定出几个计划并加以实施。如果计划失败，我们也就向困难屈服了。好吧，放弃困难吧，自己告诉自己：我们不是什么大人物，只要把注意力专注于自己可控范围之内的事物就好，我们想要的是平静安稳的生活。[22]

这是作者提到雷茵霍尔德·尼布尔的静心祷文。对此，他们认为当人们应该通过运用自身的影响力去扭转局势时，他们却太过沉溺于安逸了。每个人都会产生影响力：你是如此，我也是如此，大家都是如此。作者们认为问题在于：由于观念错误，我们没有意识到自己可以影响到他人。

通常，我们不觉得自己有什么影响力，因为我们没能发现贯穿人生起起伏伏的主线就是我们施加影响力的能力。如果早点发现的话，我们就会把大量的精力投入到寻找新的方法和途径中去，提高施展影响力的本领。[23]

与人交往时，你有没有影响力呢？你有没有意识到在工作中，自身的影响力如何呢？你是怎样施展自己的影响力的？别人又是怎样影响你的？

这些问题很重要，是因为它们关系到你的"存在感"——在社交圈中的"存在感"，对于交往的对象，我们的存在感很重要，他们在乎我们是否在身边。此外，如果关系亲密，他们还会期望我们参与到他们的生活和工作之中，他们需要我们。

想想看：在家或是公司里，你带来了什么影响？家人或同事是否关心你、需要你？他们是谁？他们为什么在乎你？这些问题对于汤姆公司的管理者来说很难回答，因为它们反映出管理者没能善用自己的影响力这一残酷现实。管理者们利用职权，长期相互打压、相互误导，因此下属们并不尊重管理层。

这样，一开始管理者们利用影响力带来积极改变的能力就被限制住了，如改善交往行为、提高公司业绩等。但是，当他们开始学着经营人际关系时，这种限制就被打破了。之前员工们总是被管理者嫌弃，后来他们发现管理者开始给予自己鼓励和教导，有时别的团队的管理者也会这么做。这样，存在感和影响力就同时发挥了作用——要让别人接受我们的存在，而我们也要积极运用自身的影响力。

汤姆意识到了这一点，并有意改变领导层和管理层对他的看法。在公司的最后几个月里，他发挥了自身的影响力。过去，如果事态紧急，他总是绕开高层领导，直接找中层管理者，以防拖延时间。但这种行为会给管理者及其下属带来极大的打击，因为汤姆总是威胁着要解雇他们。汤姆发现了自己的错误行为，并做出两点改变：

他改变了自己出现时带给员工的感受，并凭借自己的职权做些好事。

在与人交往时，我们的存在会带给对方某种感受，可能会像汤姆那样暴躁严厉，也可能会像本章例子中的马克那样谦虚低调。无论对方感受如何，你都需要了解对方对我们的感受，这样才能积极发挥自身的影响力。

首先，要了解表现自己的方式，这是个学习的过程——基于过去了解到的，来决定表现自己的方式。对你的生活有过重大影响的人是谁？他们的影响力如何？用什么词形容他们对你的影响呢？

鲁迪·刘易斯博士是我的前任老板，也是我的导师。前一阵子，在和他交谈时，我问了他很多问题。当时，我们在俄克拉荷马州的艾达城刚见过一名客户，在开车回来的途中，距离我上飞机还有一些时间。听到我的问题，鲁迪建议我绕道，去一趟斯特拉特福德小镇，他就在那里长大。到了镇上之后，他向我指了指一栋废弃的大楼。

"那里，"他说，"就是我第一次工作的地方。"我们向车窗外看去。鲁迪接受过高等教育，是一名经验丰富的高层管理顾问，他曾在一家世界五百强公司任职。他举了个例子，讲述别人对他的影响，用以回答我的问题。

"H·B·蒙特，"鲁迪提到的这个名字是这栋危楼的老板，"这栋楼原是经营男装的，其男装品牌是斯特拉特福德镇上最为名贵的，来自俄克拉荷马州的顾客络绎不绝。从军队退役后，我没有任何工作经验。看到商铺橱柜前放着'解决就业难'的标牌，我就找到了蒙特先生，希望他能给我一份工作。"

这时，鲁迪顿了顿，显然，他想起了那意义非凡的时刻。

"令我惊喜的是，他第二天就给我安排了一份工作。"鲁迪重回正题，"我很意外，因为蒙特先生雇佣我的时候，他显然知道我对衣服一窍不通，当时我甚至连一套西装和一双得体的皮鞋都没有。尽管我资历尚浅，但蒙特先生还是雇用了我，他相信我的能力，教我商业知识以及服装搭配，让我一步步成长起来。更重要的是，蒙特先生无私地付出时间和资源来培养我。所以，他深深地影响了我对服装行业的理解。"

"几年之后，我大学毕业，在蒙特先生的公司做兼职，他看出了我的政治志向，也是因为这个，他影响了我的人生，是我生命中对我影响最大的人之一，可以说是他成就了现在的我。蒙特先生主动花时间、财力，还动用他的人际关系，支持我竞选。因为有蒙特先生，我才被选举为学校董事会成员，他开启了我的教育生涯，帮助我实现了梦想。"鲁迪说这些话时，言语之间都充满了敬意。"就是因为受了这种善良之人的鼓励，我才有幸为帮助他人尽些绵薄之力。"

这个例子说明影响是可以延续的。蒙特先生影响了鲁迪，而鲁迪又影响了我。影响就像不断传递下去的礼物。但在传递这份礼物时，我们需要注意并掌控自己留给他人的感受和印象。

以下三个问题可以帮助你了解自己的影响力：

1. 与人交往时，你带给对方的感受如何？

2. 与人交往时，你怎样影响别人？

3. 怎样改善自己带给他人的感受和印象，来提升自身影响力？

如果你答不上这些问题，那说明你需要多花点时间去学习如何发挥自身的影响力。

一旦发现施展影响力的时机，就想想下面这三个问题：

1. 现在，你觉得自己能带来怎样的价值？

2. 如果不去影响别人，会给自身、他人或公司构成不利吗？

3. 别人在做决策时会咨询你的想法吗？

与人交往时，多问问自己：我的影响力表现在哪些方面？明确自己在哪一种活动或情况下能够最大限度地施展自己的影响力。你可以问自己这三个问题，明确自身优势，了解自己的影响力：

1. 在什么情况下，别人会让你把控局势？

2. 施展影响力时，有没有产生最好的结果？

3. 有没有特殊的活动或情况，让你格外乐意发挥自己的影响力呢？

还有个问题很重要："镜子中的自己如何呢？"如果好好思量过去，你可能会发现影响力的施展有一定的格局。有些人的影响力多表现在解决工作中的艰难险阻上，比如说汤姆；有些人的影响力则表现在代表实施救援或干预上；有些人则表现在鼓励或表扬孩子上。无论你属于哪种格局，你都需要明确下来，在与人交往时把影响力的作用发挥到最大。

最后一个问题："有没有把影响力充分发挥呢？"受到你的影响，别人会明确并激发自身的潜力，就像蒙特先生影响到鲁迪，而鲁迪影响到我一样。接受别人的帮助，就会以同样的心情在合适的时候帮助他人。就这样，我们鼓励他人继续将善意传递下去。

问问自己这些问题，仔细考量考量：有没有充分发挥自己的影响力呢？

1. 最近六个月在与人交往时，有没有帮他人把握住取得进步或成功的机会？

2. 工作中与人相处时，有没有不愿意或不想施展自己的影响力呢？

3. 假如给你一次机会让你施展影响力，你会去影响谁呢？为什么？

影响是彼此之间传递的礼物，让自己给他人带来积极向上的作用，这就是影响力的施展。

与人相处时，如果你发现自己已经使出了浑身解数，而发挥出来的影响力却依然微乎其微，那就该想想是不是该换个时机了。就像汤姆那样，在工作中你可能会过于活跃，甚至越俎代庖了；生活中，你的关系发展照常进行，你无法或不愿尝试经营人际关系。你是否花费时间、精力去改善人际关系？或是直接终止？

如果你还没有用心经营人际关系，我建议你多花点时间这么做。我的阅历给予了我很多宝贵的财富，其中一个就是发挥自身影响力，改善人际关系。

停下来，试着写出自己影响力的格局。你有怎样的影响力格局？影响到谁了？你还能再做些什么？

现在，想想自己的影响力在哪方面可以继续改进。你想取得怎样的成果？想接触谁？还能做出哪些改变？

最后，问问自己该如何改变。现在，怎样利用自身影响力去鼓励他人？本周又有什么新想法？本月呢？

想到上一次和母亲的面谈，我就很想念她。那天，我准备去佛罗里达州奥兰多做个演讲，顺便去看看母亲。我穿着西装，打着领带，走上门前。母亲打开门，看到我，笑容一如以前一样温暖。以前，每当她要给我生日惊喜，或在圣诞节给我买期望已久的玩具时，她都是这样的笑容，这笑容深深镌刻在我的心头。那天，她的笑容依旧是一份独特的礼物。

　　"你这身行头真是惊艳啊，"母亲看着西装革履的我说道，"你很稳重，从小就是这样。你父亲和我都知道你会出类拔萃，你比别人独特得多。"

　　那一刻，我知道了自己之所以显得独特，是因为养父母给了我独特的爱，这种爱只有真挚的父母才能给得出，是呕心沥血的。

上周，我的母亲去世了，早在十四年前，父亲也去世了。但他们给了我一份特殊的礼物：自尊心。那天，她看着我，把自尊心的接力棒传给了我，就好像在交接一样，她"拯救孤儿"的任务已经完成了。

——儿子

考量考量自己的社交圈，你为什么需要他们？
简单来说，你需要他们每一个人来成就自己。我们
需要为他人服务，通过与人相处来塑造自己。

11

理解并温柔以待才是最佳的相处模式

　　服务他人，无论其用心是出于爱，还是出于自我保护，在今天都被赋予了美好的含义，为双方都带来好的结果。董事会让汤姆及其下属都意识到这一点，但员工之间相处态度的改变还是要归结于深层的情感需求——关爱别人与被别人关爱的需求。情况在逐渐改善，不同团队、派别的员工开始互相关心，实际上，他们是在经营人际关系。

　　在上文中，我提到分享就是关爱——其实，服务他人也是关爱他人。关爱你的服务对象其实很简单，在关爱他人时为对方服务其实也很简单。

行动 #7：服务

关系关节点：以无私之心行善

与人相处，就意味着相互付出、相互索取，意味着服务与被服务。本章例子中的那位养子，就讲述了他的养父母为自己的付出，同样，他也带给了他们快乐。这种关系就是一种相互付出、相互索取的关系。

本章将讲述如何与对方建立并维系一段彼此都付出的关系，你将学会如何把相处对象最好的一面挖掘出来。

当我们想要决定是自私还是无私时，关系关节点就产生了。我已经给出了很多生意上的案例，强调如何让人际关系走向更好。但现在，我想分享一个纯付出的例子，这个例子发生在工作上：迈克·亚当斯在生死攸关的关系关节点上为他人付出，建立了一段无私的人际关系。

"在我刚刚成为一名理疗师时，我就遇到了一个在灾难性车祸中幸存下来的男孩,"迈克·亚当斯为人直率热心,和我分享了一个他在理疗职业时期的故事,"他头部受重伤,整个人昏迷不醒,医生说这个伤会留下永久性损伤。我自愿去照顾他,帮他的腿部肌肉从萎缩状态渐渐恢复到灵活状态。"

"男孩昏迷了三年,在这三年中,医生尝试了各种各样的办法,其中一种看起来很有希望,但还是接连失败了两次。于是,医生宣布男孩已无法治愈,他成为一个永久性的植物人。"

但迈克不愿放弃,他一直寻找别的办法救那个男孩,只要有希望就会去尝试。

"我从来没有放弃,"迈克回想,"我看了关于大脑损伤的书籍,根据书上的案例,我找到了新的治疗方法。最终,我向男孩的母亲建议,让男孩接受在脑部植入分流器的手术。她同意了,于是我们便开始准备手术。我们找到了一位医生,他研究出新的方法,该方法在其他病人身上已经实施,实施结果也证明有效。那位医生同意给男孩做手术，在他受损的脑部植入了分流器。两周后，男孩苏醒了，他已经昏迷了三年。"

"这简直是奇迹，"迈克说，"看到男孩恢复以前的生活，真是一桩奇事啊。这对于男孩和他的家庭来说是个奇迹，而我也很有幸参与这个奇迹。"

迈克没有放弃，他坚信奇迹一定会发生在男孩身上，即使这种奇迹发生的可能性近乎为零。但这就是无私付出的力量。

听起来很"乌托邦"，是吗？的确如此。但这种奇迹经常会在人们用心经营人际关系时发生，在我们为对方无私付出时发生。有时在人们陷入困难时，会有人伸出援手，这也算是奇迹。每当我们打破自私的桎梏，奇迹就会出现。这就是与人相处的动力：为他人服务。

然而，关系是双向的——我们服务对方，对方也服务我们，这也是人际关系最为重要的一个方面，相互服务、相互付出。

想想自己的社交圈：谁在为谁服务？作为管理者，谁在付出？是你还是下属？婚姻中，哪一方在付出？作为父母、儿女，哪一方在付出？在一段关系中你已经看到了，双方都会为彼此付出，只要人与人之间存在交往，那么每个人都会这么做。说起来简单，可在实际的相处过程中却很难，甚至不可能实现。

有时我们需要为付出创造动力，就像汤姆和他的公司那样。我们建议董事会奖励那些为改善企业文化和人际状况的领导者，包括汤姆在内。出于对奖励的渴望，大家都开始努力做出改变，可后来，这份奖励变得可有可无，因为大家都尝到了人际环境改善的甜头，员工们纷纷相互付出。

关于如何让人们相互付出、相互服务，本杰明·费尔利斯提出过一些争议性的建议，以下为其言论：

据我所知，只有两种动力源能鼓励人们长期为各自的身边人着想、付出。第一种当然就是犹太教和基督教的教义，第二种就是利益回报。

人们有时会说：为他人付出如果出于慈悲和关爱，那么这一动机就是好的；但如果是为了物质利益，这就是居心不良。可我觉得这后半句有些问题，想想看，如果要为他人服务，是出于利益驱使更有效，还是出于善心更有效。

现在停下来，和我一起想想，如果你、我或其他人孤立无援，会是怎样一番光景。

我确信，如果没有人帮助我，我的生活水平会急转直下，降到谷底。确实，如果没人愿意传授我知识和技能，我恐怕就要永远离开这个世界。我无法为自己治病，无法为自己裁衣，无法下田耕种粮食。即使我是个工程师，我都无法自己发电、自己建造房屋，以及完成其他生活中方方面面的事情，但这些事情能让我存活下去、享受生活的快乐。

就算没有其他原因，单单是为了我自身着想，就足以让我尽己之能帮助其他人了，这样他们才能帮助我。[24]

尽管我同意费尔利斯的说法，若没有他人为我们服务，我们大概难以存活，但我觉得即使为他人付出是出于慈善、无私，我们也能得到很多东西。在与为我付出以及我为其所付出的人交往时，我会得到更多。事实上，我可以直言，我的付出大部分是出于对他人的善意和关心，而不是个人利益和满足感。

那么，要如何有效地为他人服务？我们给汤姆及其员工四条行动指南和原因说明，这四条可以帮助我们了解如何为他人服务：

1. 明确这段关系为什么对你如此重要？
· 为他人服务，需要一个强有力的理由。

2. 与人相处时，要了解自己。
· 为他人服务，需要他人的认可。

3. 在交往中，看看自己的性格是如何发挥作用的？
· 为他人服务，需要为他人带来特别贡献。

4. 明确这段关系为你带来了什么？
· 为他人服务，需要弄清后果。

理由

为他人服务，需要一个强有力的理由，点燃你的服务热情。想想自己的人际关系，想想自己为什么要为对方付出。马斯洛的需求层次理论[25]在这时就派上用场了。先从该理论的"生理需求"入手，你为对方服务，是出于对食物、水和工作这种保障生活需求和人身安全的必需品的渴求吗？如果你是站在工作的角度，与老板和同事相处，那么你的回答是"当然了"。那么其他更为私人的关系呢？为他们服务也是出于生活的基本需求吗？回答是肯定的，因为这些占据了马斯洛列出的高层次需求，如爱和归属感、尊重和自我实现。

通常在家庭和工作中与人相处时，对于与对方相处的动机我们不甚明朗。了解这段关系满足自己何种需求可以帮助我们明确相处动机。

"哦！"你可能惊叫不已，"我能容忍的人只有我老板，因为他们会给我薪水"或是"我觉得我之所以会继续这段关系，是因为我从中获取了'利益'"。也许你的老板可以付你薪水，让你可以负担起食物支出和房租，但如果你加深这段关系，尊重和自我实现需求也可以得到满足。

多问问自己"为什么"，可以让你明确甚至净化相处动机，因为经营关系就是打造或维系一段无私社交的纽带。

汤姆及其下属发现，实际上工作所带来的不仅仅是生理需求和安全需求上的满足，这一点让他们又惊又喜。原来他们都渴望被上司和同事关爱，渴望归属于一个氛围良好的团队。幸运的是，自他们开始经营人际关系，安全、自尊、爱、尊重和自我实现统统得以提升。

想想看，人际关系对你很重要，对你的性格很重要，对你的性格养成也很重要。在马斯洛的理论中，无论是高层次需求还是低层次需求，都会在与人相处的过程中直接得到满足。你不会也不能在与世隔绝的情况下，满足自己的需求，你需要他人，服务他人会满足你的需求。

考量考量自己的社交圈，你为什么需要他们？简单来说，你需要他们每一个人来成就自己。我们需要为他人服务，通过与人相处来塑造自己。

我们教汤姆及其团队的第二堂课是：与人相处时，要了解自己。

我是谁？

为他人服务，需要他人的认可。任何人在一段人际关系中都有其"身份"。浅层次上，这种"身份"是已经建成的，如亲子关系、手足关系、上下级关系；深层次上，这种"身份"是服务者，这一身份让人难以察觉。你可能会娱乐别人、坦诚论事，或是在朋友的紧急关头伸出援手。我认识一个将自己称作"好孩子"的人：

"我是个好孩子。不论昼夜，只要是父母想要的，哪怕是让我去做荒唐可笑或是难以完成的事，我都照办，而我其他的兄弟姐妹只会说不。我不想像他们那样，因为那

样的话我会觉得愧对父母。"

这个人其实陷入了"身份危机"。如果你不想费时间去了解自己在关系中的"身份",你也可能会成为这样的人。你可能会接受自己现有的"身份",而这个"身份"是对你有害的,就像这个例子的主人一样。

在社交圈中,你需要了解自己,才能服务他人。记住,人际关系得积极、互利、无私才行,如果你和对方之间并不是相互付出、相互鼓励的关系,那么你需要将这段关系改头换面。本书的第六章,也就是讲述了解性格的那一章,会帮你厘清你想要的身份。

当汤姆意识到自己的性格已不再适合当前的工作时,他在生活中和工作上的"身份"就开始动摇了。与人相处时,要了解自己,这可以帮助你决定维系或终止一段关系,也可以让你了解性格在交往中发挥的作用。

怎么做？

为他人服务，需要为他人带来自己独特的贡献。不管哪段关系，都需要你自己维护这段关系。了解自己做出的贡献对于决定服务对方的方式很重要。

盖洛普公司要求每名员工雇佣或任命"私人董事会"，要求他们指定或任命那些与自己的工作有既得利益关系的人，将这些人成立为"私人董事会"。有这么一件事：有名员工将他的"董事会"成员召集起来开会，向每个人问同一个问题："为什么我会将你入选到'董事会'？"

成员们大跌眼镜，他们本以为这名员工会解释为什么要选他们。

这名员工坚持要求他们做出回答，于是他们也尽力去回答了。但当每个成员开口试图回答时，这名员工就会告诉他们：他要的答案不是为什么他们会坐在这里，而是他们为他的工作奉献过什么，以后还会奉献什么。其中一名成员肯·李是他的死党，他们之间的对话如下：

员工：肯，你为我做了什么？

肯：我是你的朋友。

员工：是的，你是我的死党，但我问的是你为我奉献了什么？

肯：我不太明白你的问题，不过我想我会尽己之力帮助你。

员工：是的，你的确帮助了我。但是你要回答得更具体一些，讲讲你是怎么帮我的、为什么会出现在我的"董事会"名单上。还记得去年，我向你提的我们家该换一辆家用车吗？原来那辆车十分老旧，孩子们都不好意思上车，叫它"捡杂货的"，因为就在送他们去上学的路上，这辆车曾抛锚过。因此我得换一辆可靠好用的车了。

肯：我记得。我还记得有一次你开那辆车去机场接我，

我想着还不如叫个出租车更好些。（笑）

员工：我最喜欢那辆车了，因为它只花了我 250 美元，正是因为它，你才会入选。当时我告诉你我在找车，你说：'好吧，下周给你答复。'然后我就收到了一份 UPS 包裹，里面全是各种文件，其中一份是顾客反馈，上面有最安全可靠、省油省钱、转售价格最高的家用货车的信息。肯·李，这就是你对我的帮助，在这里，你是独一无二的。工作上，我和你交流过我的目标和志向，而你的作用就是让我更加谨小慎微、注重调查、实事求是。

肯：的确，这就是我对你的帮助。

想想在交往时你是怎么帮助对方的？只有自己才能说出这段心声，这也是他人对你伸出援手的期望。如果想进一步了解自己的独特奉献，请移步第七章，该章从六个角度阐述了个人独特的贡献。现在，让我们继续前行到下一个服务他人的行动指南和行动缘由：明确这段关系为你带来了什么。

有何结果？

为他人服务，需要弄清结果，从对他人的帮助中，你想要得到什么？帮助别人会留下不可磨灭的痕迹，我们会记住那些对我们帮助甚大的人，同样，当我们帮助他人时，对方也会记住我们。帮助他人包括得到和付出两部分。

在写这本书时，我又去了那家汤姆曾工作过的公司。萨姆是汤姆的前同事，我和他进行了简短的交流。萨姆告诉我这家公司在"跨越性"地前进，汤姆之前实施过的很多战略和理念到现在仍然受用。更值得一提的是，这些用于经营人际关系的战略和理念仍然效果显著，现在汤姆依然在大家心中，因为去年他给公司带来了天翻地覆的变化。

我找到了汤姆，他立刻就想起自己亲眼见证的那番变化。我们在电话中交流时，他向我吐露了他有多么不近人情、刻薄莽撞，但他的语气里没有悲伤，只有感恩，他现在已经完全改变了为人处世的方法。实际上，他现在的工作就是帮助其他一些CEO和高层领导者们，用他的话说，这些人"和他以前一样，不讲情面、自私自利、不近人情，对与人交往这件事一窍不通"。

帮助他人，你也会收获好处，这并不指自私自利，而是指双方互利，你会收获一个全新的、改良版的自己。帮助别人就是帮助自己，有时我们需要适当地做出牺牲，发挥自己的性格、谈话、观念、见解和影响力去服务对方。你付出得越多，你改善自我的程度就越大。通过帮助别人，你遇到了更好的自己。汤姆就做到了这一点。

在与人相处时，服务他人不仅仅是指你得到了多少，也指你付出了多少，这就是服务的第二个方面——你付出了什么。没有一种人际关系在双方不再共度时光后还能存活的。要和对方交往，就要和他共度时光。事实上，关系状况如何是和共度的时光直接相关的。但是，这种联系不是基于共度时光的长短，而是基于双方一起做了何事。

在公司进行整改之前，汤姆的下属希望自己尽量不要出现在汤姆的眼前，他们说，只要和汤姆待在一起，全程就充满了他的批评和训斥，他们打心里恐惧、讨厌和汤姆见面。讽刺的是，汤姆却在筹划和员工们一起相处更长的时间，他不知道手下的管理者有多讨厌每周的例会，一对一面谈，面谈时间为两个小时，汤姆觉得和手下进行面谈，会让他的工作效率更高。和汤姆合作的这几个月里，我们告诉他，和他人共度时光时，不要总是专注于自己的想法，更要多考虑别人的需求。最终，就像你看到的那样，汤姆学会了如何帮助他人，管理者和员工们都在和他相处时受益匪浅。

与人交往时你是怎样利用这段时间的？时间用来做什么了？有没有带来积极的结果？别人需要你时，你有没有陪伴他们、满足他们的需要呢？对于和他人共度的时光，你有没有规划？相处的时间里，是对方帮助你还是你帮助对方？这段时间花得值吗？

与人相处就意味着要做出让步，要帮助对方。一旦你这么做了，就会自我升华。这是天道，是人类社会的规律：
"你会接受馈赠，反过来，你赠予别人礼物过后，也会得到回报，这满满的回报会被压实、摇匀，最后竟然腾出更多的空间，来容纳更多的回报；这些回报如水一样，倾注到你的怀里。你给予多少馈赠往往决定了你所能得到多少回报。"[26]

我站在外面，透过栅栏看到查理斯坐在一块水泥板上，那块水泥板就是他的床——显然，监狱的条件很差。我走到他的监室前，他站起来，脸上毫无波澜，我深深为之触动。接着，我一下子就想到我和他三年的友谊要在明天上午7点（东区时间）走向尽头了。

　　我们一路走来，在私下里谈论生活、死亡和未来。有时，我们会为决赛资格花落谁家争论个面红耳赤；有时，当他讲对他有所触动的见闻时，我也只是静静倾听。三年间，我亲眼见证了查理斯从一个暴躁易怒、恶气满满的22岁青年变成现在这个安静平和、体贴入微、痛改前非的人。

——律师

查理斯的监室距我不远，他是我的好友，今早他在去绞刑架的路上，路过我的监室时还停留了一会儿，他十分平静地说："约翰，别哭。今天我该偿还之前犯下的罪行了。感谢上帝，我就要收到上帝的礼物了。"然后，他把他的《圣经》给了我，这就是那本《圣经》，当我看到我的朋友像个行尸走肉一般时，我大哭起来，像个孩子。

——约翰·P

各种关系总是如影随形，是它们让人生更加完整，助你成就一切愿望。然而，你仍需用心经营人际关系，撷取社交的最大好处，终会塑造出完美的你。

12

建立情感必须学会与人相处之道

　　我们总是处在与他人的联系之中，社交对我们来说很平常，只要和别人接触，自然就有了社交。本章开头的故事是我在巴哈马首都拿骚 H.M. 监狱的最高安全区任职时看到的，当时我是一名律师。我、查理斯·D 和约翰·P 是在讨论宗教经典和其他书籍时成为朋友的，这段友谊改变了我们三个人。这就是用心经营人际关系的好处——它改变了我们精神面貌，也改变了我们的行为举止。

行动 #8：改变

关系关节点：用心经营生活中一点一滴的行为举止吧

与他人交往是如何将你改变的？有没有一段人际关系在改变你？它是怎样使你改变的？

古希腊哲学家赫拉克利特说："人无法两次踏入同一条河流。"很大程度上，这句话也适用于社交。人际关系总是处于动态变化之中，因为身处人际关系中的人总是在变化、成长。汤姆变了，和汤姆合作的那些年里，我和我们团队亲眼见证了汤姆领导的团队及其下属身上发生的巨变。

我们团队也有了改变——面对团队修建的任务，我们的方法也改为帮助修复破损的人际关系。所谓公司就是各种人际关系的集合地，公司的效益源于员工们在彼此相处时的共同改变、共同成长。本章将讨论如何加快并识别出社交圈中的变化和发展。

你对社交有多用心呢？

评价自己的用心程度有个简单的办法，那就是看看自己在与人相处时，这 8 个行动指南的运用效果如何。

1. 你会鼓励他人吗？会激励、鼓舞他人吗？				
没有	偶尔	一般	经常	总是
1	2	3	4	5

2. 你了解他人吗？会欣赏他人的性格特点吗？				
没有	偶尔	一般	经常	总是
1	2	3	4	5

3. 你健谈吗？与他人的交谈能否结出果实呢？				
没有	偶尔	一般	经常	总是
1	2	3	4	5

4. 你观察别人吗？有没有评价自己对他人的反应呢？				
没有	偶尔	一般	经常	总是
1	2	3	4	5

5. 你会分享吗？能否和对方毫无顾忌地表达想法呢？				
没有	偶尔	一般	经常	总是
1	2	3	4	5

6. 你有影响力吗？有没有影响他人并改变了他们？				
没有	偶尔	一般	经常	总是
1	2	3	4	5

7. 你乐于助人吗？有没有通过帮助他人唤醒他们的善之本性呢？				
没有	偶尔	一般	经常	总是
1	2	3	4	5
8. 你改变了吗？有没有时刻关注自己的行为举止来经营人际关系呢？				
没有	偶尔	一般	经常	总是
1	2	3	4	5

　　你做得怎么样？"总是"多还是"没有"多呢？无论你的得分是多少，这都是你的起点分，也是你未来90天的对照点。如果你真的用心去打造良好的社交关系，把自己在生活和工作中与人相处时的行为举止做个大变样，三个月的时间足矣。

　　我们学到了什么？我们已与他人建立起关系，引以为镜，反照自己，如后视镜——我们常用它来查看后座的情况。这面"后视镜"能帮我们找出心碎的人，他们被我们伤害过，也或许能找到曾被我们抛弃、忽视过的人，"镜"中还有很多积极乐观的人，他们高高地站着，尽显自豪，因为我们影响了他们的生活。

　　人际关系还像另一种镜子——手镜，当我们在镜中望着自己时，可以看到过去的人际关系留给我们的伤疤，这些伤疤教会了我们很多东西：也许是学会提防别人；也许是和他人保持距离；也许是保护自己；也许我们在镜中也能看到一张洋溢着快乐的脸，这张笑脸是因为众多良好愉快的人际关系才绽放的，彰显了你从周围汲取的支持和关注；你也许会在镜上看到突起的肌肉，这些肌肉是每天苦心经营人际关系中锻炼出来的：你总是鼓励周围的朋友、家人、上司及其他人，将他们"抬高"，从而练就了强健的"体魄"，你看到了"健壮"的自己。

　　人际关系也像一枚放大镜，透过这枚放大镜，你能看到所有的不光彩：你会看见别人带给你的失望感；看到他人忘却了你对他们的帮助；看到他人对你的背叛；看到他们对你不再热情。当你看到这些不光彩时，决定终止这段关系前，先用放大镜照照自己，仔细审视自己吧。如果你的眼光客观，你很有可能会在自己身上看到同样的东西。

　　这就是我在本书开头为你做出的最后一个承诺：确

定合适的时机去终止一段可有可无、状况惨烈的人际关系。本书不是婚姻顾问书，也不是职业规划书，我并不想要劝你离婚或是离职。婚姻关系和工作关系都是很关键、很私人的关系，如果你真心期望和配偶、朋友、同事和上司搞好关系，并做出过无数次的努力，那么可以参考下面的信息。

但是，如果你决定终止一段关系，那你需要先明确这8种行动都已不再符合才行：彼此的交往已不再相互促进；对对方毫无兴趣；谈话充满了火药味；双方的互动在最好的状态时像陌生人，最差时像敌人；一旦表达出心中的想法就势必引起争论；对彼此的影响也是空乏无力；总是激起对方骨子里最恶劣的一面；双方都不想对当前的局面做出改变。那么，这段关系已经走到了尽头，剩下的只是总结出为什么这段关系没能达到双方的标准、为什么不符合这8种行动了。

最后，无论你现在需要哪种镜子，将镜子放在手中，看着它，在心中默念：人活着就要与人相处。生而为人，各种关系总是如影随形，是它们让人生更加完整，助你成就一切愿望。然而，你仍需用心经营人际关系，撷取社交的最大好处，终会塑造出完美的你。

8 种行动和人际关系关节点

行动 #1：鼓励

行动 #2：理解

行动 #3：交谈

行动 #4：观察

行动 #5：分享

行动 #6：影响

行动 #7：服务

行动 #8：改变

1. 看看自己面对关节点的态度和行动，来评价这段关系

2. 推翻旧观点，用新的眼光看待自己和他人

3. 通过对话加快行为的改善

4. 了解对方的长处和优势

5. 大胆交流想法，无须顾忌

6. 促进关系更进一步

7. 以无私之心行善

8. 用心经营生活中一点一滴的行为举止吧

行为／想法调查

1. 哪段关系在你眼里最重要？为什么？

2. 与人展开交往时，你有什么想法呢？

3. 与人交往时，你的实际行为与最初想法是否符合？

4. 与人交往时，你希望留给别人什么印象？

5. 为了加强人际关系，你需要做什么改变？为什么？

影响力调查

1. 现在，你觉得自己能带来怎样的价值？

2. 如果不去影响别人，会给自身、他人或公司造成不利吗？

3. 现在，别人会在做决策时征求你的想法吗？

4. 在什么情况下，别人会让你把控局势？

5. 施展影响力时，有没有产生最好的结果？

6. 有没有特殊的活动或情况，让你格外乐意发挥自己的影响力？

7. 最近六个月在与人交往时，有没有帮他人把握住取得进步或成功的机会？

8. 工作中与人相处时，有没有不愿意或不想施展自己的影响力？

9. 假如给你一次机会让你施展影响力，你会去影响谁？为什么？

个人调查

1. 你会鼓励他人吗？会激励、鼓舞他人吗？				
没有	偶尔	一般	经常	总是
1	2	3	4	5

2. 你了解他人吗？会欣赏他人的性格特点吗？				
没有	偶尔	一般	经常	总是
1	2	3	4	5

3. 你健谈吗？与他人的交谈能否结出果实呢？				
没有	偶尔	一般	经常	总是
1	2	3	4	5

4. 你观察别人吗？有没有评价自己对他人的反应呢？				
没有	偶尔	一般	经常	总是
1	2	3	4	5

5. 你会分享吗？能否和对方毫无顾忌地表达想法呢？				
没有	偶尔	一般	经常	总是
1	2	3	4	5

6. 你有影响力吗？有没有影响他人并改变了他们呢？				
没有	偶尔	一般	经常	总是
1	2	3	4	5

7. 你乐于助人吗？有没有通过帮助他人唤醒了他们的善之本性呢？				
没有	偶尔	一般	经常	总是
1	2	3	4	5

8. 你改变了吗？有没有时刻关注自己的行为举止来经营人际关系呢？				
没有	偶尔	一般	经常	总是
1	2	3	4	5

尾

注

1. 拉兹洛·博克，《工作规则！以谷歌的眼光改变你的生活》，纽约：Twelve，2015

2. 西朔·查理斯·N，玛丽·纳什·萧弗，格雷格·汤普森，马蒂·马泰尔，《认识你自己，改变你生活：学会改变，做好自己》，OD Practitioner，36，no. 3 (2004)：57. http://webmedia.unmc.edu/Community/CityMatch/EMCH/041907/ODP-Seashore%20et%20al.pdf.

3. 特里普·保罗，《你曾有何期望？重新看待婚姻》，惠顿：Crossway, 2010.

4. "意向"，OxfordDictionaries.com, 2016. http://www.oxforddictionaries.com/us/definition/american_english/intentionality.

5. "意向"，Merriam-Webster.com, 2016. http://www.merriam-webster.com/dictionary/intentionality.

6. 邦赛克森·托尔，柯拿特·沃赖斯泰德，芮妮·R·泰勒，"意向关系模型"，Scribd.com, 2015.5 http://www.scribd.com/doc/272892428/The-Intentional-Relationship-Model#scribd.

7. 罗宾森·劳伦斯，乔安娜·赛山，梅琳达·史密斯，珍妮·西格尔，"母婴联系：何时产生、如何产生"，WebMD, 2015.4.20 http://www.webmd.com/parenting/baby/forming-a-bond-with-your-baby-why-it-isnt-always-immediate.

8.斯坦菲尔德·玛丽·贝斯，"母婴联系对婴儿发展的重要性"，加州大学戴维斯医学中心，2016.1.26 http://www.ucdmc.ucdavis.edu/medicalcenter/healthtips/20100114_infant-bonding.

9.埃特默尔·佩吉·A，克丽丝塔·D·西蒙斯，《支架式教学：问题式学习》，普渡大学，2016.1.26 http://www.edci.purdue.edu/ertmer/docs/Ertmer-LC05.pdf.

10.里古奇·加里，里古奇·贝特西，《当婚姻遇上包容：长久的爱》，惠顿：Crossway, 2006.

11.艾伦·查普曼，《性格理论、类型和测试》，Businessballs.com, 2005.http://www.businessballs.com/personalitystylesmodels.htm#carl%20jung%27s%20personalit%20y%20types.

12.贝克兰·德尔，吉姆·哈特，"为何领导圣才如此稀有"，盖洛普商业杂志，2014.3.25 www.gallup.com/businessjournal/167975/why-great-managers-rare.aspx.

13. 塔克·肯，《经营对话：重新思考每日谈话，改变职业生涯》，桑格，CA：费米琉斯，2015. Pg. 19.

14. 同上，Pg. 23

15. 克里夫顿·唐纳德·O，宝拉·尼尔森，《利用优势高飞：商业管理理念——简单，又不简单》，纽约：Dell Publishing, 1992. Pg. 121

16. 科维·斯蒂芬·R，《高效能人士的七个习惯：改变自己的有力一课》，纽约：Free Press, 2004. Pg. 255.

17. 马丁·朱迪斯，"柯维 #5——要他人理解我们，先要理解他人"，Behavior-Change.net, 2013.7.16 http://www.behavior-change.net/covey-5-seek-first-to-understand-then-to-be-understood/.

18. "我的想法很重要"盖洛普商业杂志，1999.5., http://www.gallup.com/businessjournal/502/item-opinions-seem-count.aspx.

19. 汤普森·凯文·A，"想法无关紧要"，Kevinathompson. com, 2014.4.3 www.kevinathompson.com/opinions/.

20. 同上

21. "优良业绩，完善认知：解决问题的方法、给予建设性反馈"，招生服务训练部，员工发展与工作研究室，波士顿大学

22. 帕特森·凯里，约瑟夫·格雷尼，大卫·迈克菲尔德，让·麦克米伦，奥·史威茨勒，《影响力：改变一切的力量》，纽约：麦格希图书公司，2008. Pg. 4.

23. 同上，Pg.7

24. 费尔利斯·本杰明，"服务他人"，经济学教育基金会，基督徒和犹太人大会，洛杉矶，1956.4.26. www. fee.org/freeman/serving-others/

25. 麦克劳德·索尔，"马斯洛的需求层次理论"，SimplyPsychology.org, 2014.

http://www.simplypsychology.org/maslow.html.

26. 卢克 6:38，《圣经》新译本